青年公家・清水谷公考の志と挫折

箱館裁判所・箱館府創設と箱館戦争の狭間

北国諒星
bokkoku ryousei

北海道出版企画センター

清水谷公考（明治元？）函館裁判所総督

北海道大学附属図書館編集『明治大正期の北海道（写真編）』

（北海道大学図書刊行会発行）から転載

はじめに

本稿は、幕末から明治初期の開拓使創設頃までの間に起きた出来事を、青年公家・清水《しみず》谷《だに》公考《きんなる》の行動を通して明らかにしていこうというものだ。公考が活躍した、慶応三年（一八六七）一二月の「王政復古の大号令」頃から明治二年（一八六九）七月の「開拓使創設」に至る期間は、たった一年七カ月程度である。その間に、箱館戦争を含む戊辰戦争をはじめ、時代の激変の渦《うず》にあることを象徴するような様々な事件が起きていて、蝦夷地《えぞち》（北海道）の歴史上、前例のない「激動期」、「混迷期」だったように思う。

そのせいか、この間に起きたことを、濃密に、かつ整理して語られることは少なく、その意味で一種の〝エアーポケット〟になっていた感がある。また、この間に起きた箱館戦争についても、どちらかといえば、榎本武揚をトップとする「蝦夷島政権」側からの視点でのみ、語られることが多かったように思われる。

そこで、本稿ではこうした状況を「補完する役割」を担いたい――具体的には、当時の清《し》水谷公考《みずたにきんなる》をトップとする箱館裁判所・箱館府の側、つまり「明治新政府側」の視点に立ちつつ、公考という青年公家の全生涯を辿ることで、今一度、〝濃密に〞この短い期間を振り返ってみたい——という思いを込めて企画した。

関連して、筆者の興味としては、

① 清水谷公考とはどんな人物で、歴史上、どう評価すればいいのか。また彼の属する公家社会とはどんなものだったのか。

② 清水谷公考と彼をトップとする箱館裁判所及び箱館府の参謀（スタッフ）の顔ぶれや、彼らが果たした役割・組織の実態は、どんなものであったか（幕府の現地機関である箱館奉行所からの引き継ぎの経過、箱館戦争中の清水谷政権の動き方などを含む）。

③ 箱館裁判所を経て箱館府が設置されていたのに、箱館戦争後、たった二カ月で唐突にこれが廃止され、「開拓使」が誕生したのはなぜか。

④ プロシア人R・ガルトネルとの間で、七重村（現七飯町）の広大な土地をめぐって起きた、いわゆる「ガルトネル事件」と清水谷公考の関わりはどうであったか。

⑤ この時代に起きた、いわゆる「五稜郭襲撃事件」（五稜郭クーデター事件）の真相は、

どうだったのか。

⑥　箱館戦争中、〝兵站基地《へいたんきち》〟となった隣藩・弘前藩の立場は、どんなふうであったのか。

以上のようなことをも念頭に置きながら、書き進めていくこととしたい。

なお、著者が平成三〇年一〇月二七日、函館市中央図書館内で行なった五稜郭タワー第四七回函館文化発見企画講演会・函館市中央図書館郷土の歴史講座での講演（演題「公家・清水谷公考の〝青雲の志〟とその挫折―箱館裁判所・箱館府創設と箱館戦争の狭間―」）が、この著書を書く契機となった。

この講演会を主催してくださった五稜郭タワー株式会社（社長・中野恒氏。担当・企画室長木村朋希氏）と、共催の函館市中央図書館（館長・丹羽秀人氏）にはひとかたならぬお世話になり、当日の講演に至ったものだ。ちなみに、演題はそのときの主催者・共催者の要請に沿ったものであった。

こうした経緯もあり、当時の関係者の熱意に応えるためにも、きちんと著書にまとめておきたい、という気持が強まってここに至ったことを、あらためて感謝の意を込めて記しておきたい。

青年公家・清水谷公考の志と挫折
―箱館裁判所・箱館府創設と箱館戦争の狭間―

目次

はじめに

第一章　生誕と公家社会

清水谷家に生まれる――14
公家の社会――15
比叡山で修業後、還俗――18
比叡山で募金活動――18
岡本監輔と山東一郎の略歴――20

第二章　蝦夷地開拓の建議と箱館裁判所の創設

清水谷・高野連名の建議書提出――28
新政府首脳、北辺の危機を認識――29
〔秘話〕坂本龍馬と岡本監輔・山東一郎・堀基――30
蝦夷地の情勢変化と箱館奉行・杉浦誠の信念――32
杉浦、江戸へ上申書を提出、町民にもお触れ書き――36
幕府首脳、杉浦の方針を了承――43

新政府首脳、北方問題で危機感強める――43
岩倉具視が三ヵ条の策問―新政府の蝦夷地開拓順序決まる――46
井上石見が意見書を提出――47
箱館裁判所創設を決定―総督就任へ――49
配下の実務担当メンバー（参謀）出揃う――52

第三章　蝦夷地への赴任

赴任前に各方面へ協力要請――62
新政府、七ヵ条の開拓基本方針を示す――62
豪商へ資金協力を要請――65
華陽丸で蝦夷地へ向かう――67
ロシア領事の誘惑――69
江差へ到着、姥神大神宮に参拝――69
箱館へ到着、杉浦奉行と対面―引き継ぎへ――71
杉浦ら旧幕臣、江戸へ帰還――74

第四章　開拓行政の体制・方針
五稜郭に箱館裁判所を開庁―御一新を布告　78
箱館裁判所、施政方針普及に腐心　80
新政府、政体書を発する―「箱館府」と改称　82
組織改廃施行日にズレ　84
組織内容・分課を定める　86
後日の機構改革　89
「箱館府」への改称を告示　90

第五章　苦難に満ちた箱館府政の船出
井上石見の建言とガルトネル　94
五稜郭襲撃事件が発生　95
首謀者たちは七重村付近の住民　97
八王子千人隊との関わり　99
平山金十郎を匿った七重農民　100
ロア号・カガノカミ号購入に関与　101

箱館府の「要」・井上石見の遭難――104
蝦夷地のコメ確保問題のてん末――105
箱館府の役人に対する人びとの目線――107
奥羽鎮撫副総督からの要請――109
弱体だった箱館府の警備体制――111

第六章　箱館戦争の開戦

隣藩・弘前藩の苦悩――116
奥羽越列藩同盟が崩壊――119
旧幕府軍、鷲ノ木に上陸――121
新政府傘下諸藩兵の箱館到着と軍議――122
峠下で最初の激戦ぼっ発―箱館戦争始まる――125

第七章　清水谷公考、箱館を脱出

箱館を脱出、青森へ逃れる――130
旧幕府軍、五稜郭を占拠――132

旧幕府軍、松前城を攻撃 —— 133
蝦夷島政権の成立 —— 134
蝦夷島政権、ガルトネルに広大な土地貸付けを認める —— 136

第八章 青森で時機を待つ

青森方面での清水谷一行 —— 142
青森口総督に就任、反撃体制を強化 —— 143
ハーマン号沈没事件起きる —— 149
宮古湾襲撃 —— 151

第九章 旧幕府軍の降伏

新政府軍、乙部に上陸し攻勢へ —— 154
旧幕府海軍が全滅 —— 156
新政府軍、戦いの山場を制する —— 158
遊軍隊の活躍 —— 160
五稜郭開城、旧幕府軍降伏 —— 162

箱館に凱旋　163
ガルトネルへの土地貸付けを継続　164
南貞助という人物　168

第一〇章　戦後処理
新政府軍諸隊の引き揚げ　172
終戦処理に専念　173

第一一章　開拓使移行・府知事辞任と渡欧
「強力な体制」創設待望論　176
岩倉具視の新しい動き　181
構想の具体化へ―開拓使へ移行　185
清水谷公考、釈明のため急きょ上京　186
開拓使次官を辞任　188
東久世新長官が赴任、行動を開始　190
太政官、七重村開墾地解約交渉開始を指令　191

交渉妥結―ガルトネルから七重の土地を回復 ―― 193

第一二章　清水谷公考の最期

岩倉使節団に参加、ロシア留学 ―― 198
帰国後、無念の死 ―― 198
〔後日談〕岡本監輔・山東一郎・堀基・南貞助・平山金十郎・隣藩弘前藩の「その後」 ―― 200
清水谷公考の再評価 ―― 213

おわりに ―― 215

清水谷公考・箱館裁判所・箱館府・開拓使（一部）年表 ―― 217

主な参考文献 ―― 232

第一章　生誕と公家社会

清水谷家に生まれる

清水谷公考は、弘化二年九月六日（一八四五年一〇月六日）、堂上公家・清水谷公正《きんなお》（清水谷家第二一代当主・権中納言）と桂衛守（京都府士族）の娘富江の間の六男として、京都で生まれた。

清水谷家は藤原氏閑院家、西園寺実有《さねあり》を祖としており、当初、「一条家」と名乗っていたが、一条実秋の代に同じ家名の摂関家との重複を避けて、現在の家名に改めたという。その後、一時期中絶していたが、江戸時代初期に再興した。

同家は石高こそ二〇〇石程度に過ぎなかったが、家職は書道で、代々能書をもって朝廷に仕えた。また家職ではないが、代々和歌に堪能《たんのう》であった。

歌道で有名な三条西家より養子に入った清水谷実業《さねなり》は、江戸時代前期〜中期に活躍した人で、霊元院歌壇の代表的歌人として知られる。

親族には、徳大寺家など名門の公家が多かったようだ。

公考は、当時の公卿の末子等がそうであったように、幼いときから比叡山《ひえいざん》に入り僧籍にあったが、まもなく兄の病死（父の死ともいう）で清水谷家を継ぐことになり、家に戻った。

なお、後年のことになるが、公考が妻として迎えた邦子は、松前藩一二代藩主松前崇広《たかひろ》の娘である。

公家の社会

ここで、清水谷家の公家としての格式などについて述べる。

慶応三年（一八六七）一二月九日の「王政復古の大号令」頃を境にして、これ以降は公家社会も従来の家格にかかわらず、能力本位で人物を登用する方向に向かう。

しかし、こうした幕末変革期までの公家社会の実態は、どうだったのだろうか。

一般に公家社会は、鎌倉時代前期頃までに形成されたようで、家格により昇進できる官職が定まっていたといわれる。

それ以降、紆余曲折はあるが、江戸時代に入ると公家たちは京都の御所周辺に集められ、公家社会は幕府から保護を受けることになった（反面、天皇と公家を規制する「禁中並公家諸法度」が定められた)。

こうして、公家社会は幕末まで温存されている。

また、公家は広い意味では昇殿が許された「堂上家《どうじょうけ》」と、許されていない「地下家《じげけ》」に分かれるが、一般的には公家といえば堂上家を指しているようだ。

また、李元雨『幕末の公家社会』(吉川弘文館)によると、幕末変革期頃の公家一三七家については、摂家《せっけ》五家・清華《せいか》九家、・大臣家《だいじんけ》三家・平公家一二〇家があった。
① 摂家五家…近衛《このえ》・九条・二条・一条・鷹司
② 清華九家…久我《こが》・三条・西園寺《さいおんじ》・徳大寺・花山院《かざのいん》・大炊御門《おおいみかど》・菊亭・広幡《ひろはた》・醍醐《だいご》
③ 大臣家三家…中院《なかのいん》・正親町三条《おおぎまちさんじょう》・三条西
④ 平公家一二〇家…羽林家《うりんけ》・名家・半家など
ちなみに、清水谷家は羽林家中、閑院宮家《かんいんのみや》(藤原姓)…二〇〇石五合、に属していたようだ。

参考までに、他の関係公家のことを調べてみると、高野家は羽林家中、中御門家(藤原姓)…一五〇石、岩倉家は羽林家中、村上源氏…一五〇石、東久世家は羽林家中、村上源氏…切米三〇石三人扶持　などとされていたようだ。

また、羽林家は五位侍従～近衛少将・中将へ昇進できたようである。なお、江戸時代の各大名は、自らの格式を上げたいという思惑と、いざという時のために公家とパイプを持つことを重視していたようだ。

例えば、代々蝦夷地を支配していた松前家では、八代藩主・道廣が京都・花山院家（清華九家の一つ）から正室・敬姫を迎えているし、隣接する弘前藩の藩主・津軽家も、近衛家（摂家五家の一つ）を何かと頼りにし、一二代藩主・承昭《つぐあきら》は継室・信姫を近衛家から迎えている。

注・後年のことだが、明治二年六月一七日、新政府は版籍奉還を許し、各藩主を藩知事に任命する一方、従来の公卿（太政大臣・左大臣・右大臣が公、大納言・中納言、参議、三位以上の朝官が卿）・諸侯（大名）の名称を廃止。次いで同四年「皇族華族取扱規則」を定めて華族は国民の師表（模範）であることを指示し、同一七年には「華族令」により、それまで呼称だった華族に爵位《しゃくい》（公・侯・伯・子・男の五爵）を授けた。また、公卿・諸侯の旧華族に加えて、国家に勲功のあった政治家・軍人・官吏・実業家にも爵位が与えられた。

比叡山で修業後、還俗

清水谷公考は幼いときに比叡山に入ったが、一〇歳の年に兄の病死で清水谷家を継ぐことになり、還俗《げんぞく》して家に戻った。その後の安政三年（一八五六）、従五位下に叙せられ、同五年一二月には元服して従五位上に叙されて昇殿を許された。

文久元年（一八六一）一月には、正五位下に叙されている。

この頃、草莽《そうもう》の者が、公家の教育機関・学習院にいたって時事を論じることが許され、その顔ぶれの中に長州藩の桂小五郎、高杉晋作ら勤王の志士たちが含まれていた。

翌文久二年九月、公考は侍従となり、一一月には従四位下、元治元年（一八六四）三月には従四位上、慶応二年（一八六六）一月には正四位下に叙せられている。

比叡山で募金活動

わが国の政治情勢は、慶応三年（一八六七）一月　明治天皇践祚《せんそ》、一〇月大政奉還へと進む。この頃、岡本監輔（文平。韋庵《いあん》。この人物についての詳細は後述する）という憂国の志士が、清水谷家に滞在していた。

この年の一二月、「王政復古の大号令」が出され、朝廷中心の明治新政府が樹立されると、清水谷公考は、

《この機会に、公家である自分も、何か新政府に協力できることをしなくては…》

と考えた。

もともと清水谷家は、自宅付近の警備に当っていた会津藩と親しく、王政復古に貢献できなかったので、多少の焦りもあったらしい。

そのうち公考は、発足間もない新政府が資金力・軍用金に乏しく、非常に困っている実態を知る。そこで、僧侶たちを説いて金を集めようと考え、あるとき岡本監輔を連れて比叡山（注・高野山とする説もあるもよう）に赴いた。

しかし、思ったほど金は集まらず、その日は山麓坂本の僧坊に泊まった。このとき同行した岡本監輔は、夜半、公考に対して、次のような熱弁をふるった。

「こんなふうに金を募ったり、軍用金を献ずるようなことは、だれでもできること、閣下のやることではありません。幕府が崩壊し、北辺の地でロシアの進出が懸念される状況に

ある今、急がれるのは箱館に赴き朝廷の命を伝えて、蝦夷島の人民の安寧《あんねい》をはかることです。これは実に千載一隅《せんざいいちぐう》にして、失うべからざる機会なのです」

これには二二歳の若い公考もすっかり触発され、

「よくわかった。それならば、親友の高野保建《やすたけ》・左少将（公家）にも相談して、その意見を共に太政官に持ち上げようではないか」

と言った。

翌日帰京すると、公考は先ず岡本やその友人の山東一郎らと話を詰めた。

さらに親しい公家・高野保建とも相談して、彼との連名で、速やかに蝦夷地へ鎮撫使を派遣すべき旨の建議をしよう、と謀《はか》った。

岡本監輔と山東一郎の略歴

〔岡本監輔〕

若い清水谷公考は、諸国の事情などに詳しい岡本監輔と山東一郎（直砥）の影響をかなり受けている。

このうち、岡本監輔（文平。韋庵《いあん》）は天保一〇年（一八三九）一〇月一七日、阿波国（徳島県）美馬郡三谷村（美馬市）に生まれた。父周平は農業のかたわら、医兼売薬の田舎医者をしており、母都流《つる》は近くの須藤家の出身だった。

監輔の家は裕福ではなかったが、祖父忠利の影響で学問を好んだ。

一五歳頃から、徳島の儒学者・岩本贅庵《ぜいあん》やその高弟・有井進斎に学び、さらには讃岐《さぬき》（香川県）高松の儒学者・藤川三渓の門下となった。

この頃、三渓を訪ねて来た瀬戸内海・粟島の漁師から、北蝦夷《きたえぞ》（樺太《からふと》）の話を聞いて興味を抱く。安政三年（一八五六）、一八歳のとき上洛し、京都で名高い池内陶所《いけうちとうしょ》（通称大学。医師で儒学者）の門をくぐり、食客となった。

陶所は勤王家でもあったから、志士たちも出入りしていたが、安政の大獄後に暗殺される（下手人は土佐の岡田以蔵だと噂された）。

しかし、この頃、監輔は公家の清水谷公考と親しくなり、清水谷家に出入りできるようになった。そして公考の父で右近衛権中将の公正《きんなお》に、漢学や儒学の素養を認められ、息子の個人指導も頼まれた。

こうして、一年ほど公考の家庭教師をつとめる。清水谷家の親族には、徳大寺など名門公家も多かった。

やがて監輔は大坂へ移り、何人もの儒家を訪ね歩いた。文久元年（一八六一）、二一歳になると江戸を目指す決心をするが、先ず、京都の清水谷家に身を寄せた。ここで機会を得て翌年江戸にのぼり、幕府の儒者・杉浦晋斎の門に入った。

ある日、たまたま本屋で『北蝦夷図説』（間宮林蔵口述）を入手し、北方への志をいっそう強くした。また、下谷《したや》（東京都台東区）に住む探検家・松浦武四郎（伊勢出身）のもとを訪れ蝦夷地の事情を聞いたり、『蝦夷日誌』、『蝦夷紀行』などの著書を借りて夢中で読んだりした（武四郎とは、のちに同じ開拓判官として再会することになる）。

文久三年、監輔は箱館に渡り箱館奉行所支配組頭・平山謙二郎を訪ねると、そのまま平山家に世話になった。

そのうち、幕府の許可を得て樺太を探検し、慶応元年（一八六五）頃、最北端のガオト岬に達する。

こうして樺太一周を成し遂げたのだが、その成功を喜ぶより、多くのロシア人が同地に住みついて石炭採掘や農耕に従事して勢力を拡張していた情況と、幕府の無策ぶりを憂えて、自分の力で世の人びとに訴えようと決心をした。

また、同志の山東一郎らとともに京都にのぼって坂本龍馬に会い、北方の危機を訴えて賛同を得たり、樺太対策で幕府に建言するなど、とにかく北方問題には人一倍、関心の強い人物だった。

〔山東一郎〕

山東一郎《さんとういちろう》（直砥《なおと》。幼名長之助）は余り知られていないが、最近、彼についてかなり詳しく調べられた本が刊行されている（中井けやき『明治の一郎　山東直砥』百年書房）。

彼は天保一一年（一八四〇）二月七日、紀州（和歌山県）和歌の浦の材木屋の次男・栗栖儀平の長男として生まれた。嘉永四年（一八五一）頃から紀州の高野山や阿波（徳島県）の明王院の僧侶をしており、名を「智賢」と言った。

安政六年（一八五九）、父・儀平の死を機に還俗《げんぞく》。家督を弟に譲り自分は名を「山東一郎」

と改めて、風呂敷包を背負い故郷をあとにした（「山東」は母方の姓である）。

はじめ、播磨国《はりま》（兵庫県）林田村で漢学塾を開いていた河野鉄兜《てつと》に学んでいるうちに、鉄兜を訪ねて来た三河国（愛知県）刈谷藩士で尊攘派志士でもある松本奎道《けいどう》に巡り合う。

そして奎道に勧められるまま、彼と行動をともにするのだ。二人は大坂の堂島河畔に開かれた双松岡塾《そうしょうこうじゅく》を拠点として活動するが、この塾はまもなく解散の憂き目に合う。

その後、一郎は奎道とともに淡路島を回った後、彼の指示でひとり越後（新潟県）に潜入した。

その間に、奎道は文久三年（一八六三）八月、天誅組《てんちゅうぐみ》一行とともに奈良五条で決起して代官所などを襲撃した。

しかし、この行動は失敗に終わり、奎道は幕府側諸藩の兵に撃たれた後、自刃して果てた。

一郎は三年ほど越後に滞在したあと、慶応元年（一八六五）、江戸にのぼる。

この地では、蘭方医・松本良順の勧めで伴鉄太郎（幕臣で長崎海軍伝習所一期生）の塾に入門し、航海術を学んだ。

翌二年、一郎は良順との縁で幕府役人酒井弥治右衛門の従者となり、蝦夷地へ向かった。

箱館に着くと、酒井の役宅に寄宿しながら、ロシア人宣教師ニコライにロシア語を学んだ。また、一郎は箱館で、樺太を一周した岡本監輔と出会って意気投合する。

その後、一郎はロシア渡航を画策するが、うまくいかず、そのうち彼と志が共通する薩摩藩士・堀《ほり》基《もとい》と知り合い意気投合した。

慶応三年年五月、堀の提案でふたりは英国艦に乗り長崎へ渡航、この地で活躍している坂本龍馬や土佐藩参政・後藤象二郎に会い、北方問題への理解と支援を求めた。

その後、京都に落ち着いたが、同年一一月、岡本監輔とともに北方問題で尽力しようと画策、

「樺太を拓き、ロシアの侵略を防ぐために力を尽くす、身分にかかわらず開拓の志ある者は来れ」

と呼びかけて同志を募り「北門社」を結成した。また、北方問題の現状を広く知ってもらおうと、『北蝦夷新誌』を出版したりしている。

余談だが、こうしてみると、一郎には初めて会う人でも、たちまち知己《ちき》となる性格が備わっていたようだ。

なお、一郎の長男・宗の娘が初、その長女が参議院議員の山東昭子氏である。

第二章　蝦夷地開拓の建議と箱館裁判所の創設

清水谷・高野連名の建議書提出

慶応四年（一八六八）一月、鳥羽伏見の戦いを機に戊辰戦争が始まった。

その直後の二月二七日、清水谷公考は、友人の公家・高野保建と連名で新政府に対し、蝦夷地に関する建議書を提出した。

その内容は岡本監輔らの献策によるものといわれ、次のように、蝦夷地への鎮撫使《ちんぶし》派遣を勧める趣旨のものであった（『復古記巻四四』）。

① 奥羽地方での戦争が拡大し、徳川・庄内などの賊徒の安住の地が失われ、ここに蝦夷地の不軌《ふき》の輩《やから》があい通じて声援する恐れがある。

② ロシアはこの機に乗じて樺太の久春古丹《クシュンコタン》を占拠するばかりか、どのような挙動を起すか計り知れない。

③ 蝦夷地は漁業の利のおびただしい場所で、この地を確保することによって軍費の一助にもなり得る。

④ したがって、新政府は鎮撫使を人選し、早急に蝦夷地へ派遣すべきだ。

⑤　当面の体制として、既に警備の二百人ほどの人員と軍艦の見通しが、ほぼ立っている。尽力を頼んでいる紀州（和歌山県）、江州（滋賀県）の町人たちによる金穀（資金）の支度についても、同様である。

⑥　北辺の地の季節の関係で、この意見を即刻、勅許してほしい。

新政府首脳、北辺の危機を認識

この建議により、これまでは「東征軍派遣」という当面の課題に忙殺されている新政府の前に、突如、北辺の地を取り巻く危機問題がクローズアップされた。

これによって、新政府首脳は初めて北方の危機を直視し認識した、といっても過言ではなかろう。

明治天皇は直ちにこれを採択し、新政府の実力者大久保利通、三岡八郎（由利公正）、広沢真臣、井上石見《いわみ》らも、

《もっと、正確に事態を把握しなければ…》

と考えた。そこで、清水谷公考や高野保建らを通じて、岡本監輔、山東一郎らを太政官

へ呼び寄せ、数度にわたり詳細な聞き取り調査を行なった。

〔秘話〕坂本龍馬と岡本監輔・山東一郎・堀基

このあたりで、少し横道にそれるが、土佐浪士・坂本龍馬と憂国の志士たちとの間で行われた、北方問題をめぐる論議のエピソードについて、触れておきたい。

山東一郎・堀基が龍馬に会う（慶応三年五月）

薩摩藩士・堀基《ほりもとい》（幼名眞五郎・清之丞）は、天保一五年（一八四四）、鹿児島郡元村（鹿児島市）に生まれた人だが、江川太郎左衛門に砲術を、勝海舟の神戸海軍操練所で航海術を学んだりしたあと、慶応元年（一八六五）に蝦夷地・樺太を踏査して、北方の危機・ロシアの脅威を肌で感じた。

その後の慶応三年二月頃、堀は箱館で山東一郎に出会い、二人は樺太・北方問題で意気投合する。

そのうち、堀の提案でこの問題で坂本龍馬の力を借りようと考え、二人は箱館から英国の軍艦に乗せてもらい、長崎へ向かうのだ。

五月一三日頃、長崎港に着き、港内に碇泊していた海援隊の船を訪れたところ、運よく龍馬に会うことができた。

龍馬やその場に居合わせた土佐藩参政・後藤象二郎は、二人の意見に熱心に耳を傾け、同意してくれた。

もともと龍馬には蝦夷地開拓の志があった。しかし、この頃は内地危急の時でもあり、すぐには着手できない。そういう龍馬の意向もあり、二人はやや気落ちしたが、当時の政情を考えると、それ以上、無理は言えなかった。

六月九日、二人は龍馬の勧めるまま土佐藩船・夕顔丸に乗り、京都へ同行している。蛇足だが、この船中で龍馬が後藤象二郎に示した『船中八策』は、世に名高い。

岡本監輔・山東一郎が龍馬に会う（慶応三年一〇月頃）

慶応三年一〇月下旬頃、徳島へ帰っていた岡本監輔は、樺太や蝦夷地への思いが募り、再び上洛して清水谷公考邸に身を寄せていた。

そこへ山東一郎、堀基が顔を出したので、三人は北方問題で力を合わせることを約束した。

次の日の夜半、監輔は山東一郎に連れられて河原町三条の近江屋（一説では酢屋）に滞在していた坂本龍馬を訪ね、樺太探検の模様や北辺の地の危急を力説した。

このとき龍馬は、じっと耳を傾けた後、

「ロシアや列国の出方が問題じゃのう。世の中が一区切りついたら、わしもひとはだ脱がせてもらおう。それまでは、おまえはんらで開発計画をこさえてみてもらえんか」

と言った。二人は大いに意を強くしたが、なにせこの時期は天下の情勢が悪すぎた。

この直後の一一月一五日、龍馬が近江屋で暗殺されたため、彼らの夢は幻と化している。

蝦夷地の情勢変化と箱館奉行・杉浦誠の信念

箱館奉行・杉浦誠と奉行所の状況

戊辰戦争ぼっ発後の幕府側勢力の後退など、中央情勢の劇的な変化は、蝦夷地情勢にも大きな影響を及ぼした。

ここで、この頃の幕府の現地機関である「箱館奉行所」をめぐる状況について、触れておきたい。

箱館奉行・杉浦誠（兵庫頭《ひょうごのかみ》）は、慶応四年（一八六八）一月の鳥羽伏見の戦いで幕府軍が敗れ、将軍徳川慶喜が江戸へ帰還したなどの情報が入り、「奉行所をあげて江戸へ総引き揚げをすべきか否か」の決断を迫られた。

注・杉浦誠（正一郎、兵庫頭・勝静・梅潭《ばいたん》）

文政九年（一八二六）、幕臣久須三郎の子として生まれ、幕臣杉浦家に養子入りして、八代目の家督を継ぐ。

嘉永四年（一八五一）大番衛士として幕府に出仕、鉄砲玉薬奉行・洋書調所頭取を経て、文久二年（一八六二）、老中板倉勝静に抜擢されて目付となる。この頃、浪士組掛に任命され、清河八郎暗殺にかかわったとされる。

慶応二年一月箱館奉行となり、四月箱館に赴任。当時、箱館では外交上の問題が多発し、諸事、すこぶる困難を極めた。翌三年九月からは勘定奉行を兼任。

慶応四年二月一一日、蝦夷地で浜益・留萌等の開拓・警備を担当していた庄内藩の国許から、箱館留守居役に向けた急使が到着し、現地にいる藩兵らに対して「総員引き揚げ」を命じる早駕籠《はやかご》を支配地に飛ばした。

これを聞いた箱館の町民たちは、騒然となった。このため杉浦は一三日、町会所を通じて動揺を鎮めるべく、町触れを出したりしている。

本州の各奉行所のうち、例えば兵庫奉行所では、鳥羽伏見の戦いで幕府軍が敗れた報が伝わると同時に、奉行の柴田日向守剛中《たけなか》以下、総引き揚げをしているし、長崎奉行所でも奉行の河津伊豆守祐邦《すけくに》が、真っ先に奉行所を放棄して脱出していた。

しかし、箱館奉行所では違った。

トップの杉浦誠は、「最後まで不動」―箱館に最後まで留まり、新政府の現地機関へ平和裡に事務を引き継ぐ―を主張して、その決意を変えなかった。しかも、樺太対策に心を砕き、幕府首脳に対して、ロシア勢力がどさくさに乗じて南進してくる恐れを指摘した建白書まで、送っている。

杉浦は、第一に、ロシアの脅威を気にかけていたのである。

杉浦、緊急処置対策を上申

ただ、一方で杉浦も、幕府による秩序維持・諸外国との対応等に、不安を感じてはいた。

そこで同日、血判を押した緊急処置対策（「当地心得方ノ儀急速奉伺候書付」）上申書を、定役元締・坪内幾之進に持たせて幕閣に上申した。

同時に、組頭以下に対して、次のようなことを周知徹底するよう図っている。

①　賊船等の襲撃には徹底抗戦すること。

②　朝廷の命を奉じた軍艦が平穏に引き渡しを要求した場合は、引き渡す予定であるが、幕閣の指示を待って実行すること。

住民の不安・動揺がつのる

幕閣の指示を待つ間にも、諸情勢は緊迫度を増してきた。また、蝦夷地警備の任に当たっていた諸藩の動きも、不穏な様相を呈し始めた。

商人などは幕府の役人を軽侮《けいぶ》し、火付盗賊も横行した。港に入る船も激減して、諸物資の入荷は途絶えぎみとなり、諸物価も高騰。人びとの不安は日増しに増大していった。

二月一九日、杉浦奉行は四人の組頭（荒木済三郎・高木与惣左衛門・山村惣三郎・中沢善司）を招集して、終日議論した。

その際、杉浦はこれまでの方針を堅持して箱館に留まり、朝廷からの引き継ぎ派遣者に対し、きっちり引き継ぐことを主張した。

しかし、高木与惣左衛門以外の三人は、「箱館総引き揚げ」論を主張して譲らなかった。翌二〇日、杉浦は持論の「最後まで不動」の方針で三人を説得し、この旨の上申書を幕閣へ提出・説明する使者として、荒木済三郎を指名した。

荒木は二一日、ようやくこの方針に服する旨を伝えてきた。

この日、杉浦は治安維持などに関する再度の触書を出すとともに、二月二七日付の上申書を作成して、部下へ説明した。

ただ、山村惣三郎、中沢善司の二人は、総引き揚げを願う主張を変えなかった。

杉浦、江戸へ上申書を提出、町民にもお触れ書き

幕閣、一度は江戸総引き揚げを指令

慶応四年二月二八日、箱館奉行所組頭・荒木済三郎は、杉浦の上申書を持参のうえ英国船カンカイ号で江戸へ向かった。このとき杉浦は、資金一万両と奉行所のコメ、それに定役・足軽ら二人をつけて、江戸へ送っている。

一方、将軍徳川慶喜は、朝廷への恭順《きょうじゅん》を布告した時点では、まだ蝦夷地経営の強化自立

策を検討していたらしい。

配下の老中・稲葉美濃守は、二月一二日、元箱館奉行支配組頭で蝦夷地の事情に精通していた一橋家郡奉行・橋本悌蔵《ていぞう》を箱館奉行に任じたうえで、箱館の現況視察と運上金の増徴（慶応四年は七ヵ年季の場所請負運上金の年季切り替え年となっていた）などのため、箱館への出張を命じていた。

ちなみに、箱館奉行所の年々の会計規模は、慶応年間には約一〇万両程度であったが、そのうち、九万両ほどを場所請負運上金等の蝦夷地収納物で賄うようになっていた。慶応三年からは、江戸からの差下金を断るほどで、自立経営を模索していたようだ。

そのため、運上金の増額を、相当に重視していたと思われる。


一方、三月二日、命により箱館への出発準備をしていた橋本悌蔵のもとへ、奉行の杉浦から、二月一二日付上申書が届いた。

橋本はこれを幕閣へ提出し、朝命の尊奉と恭順及び役人の江戸引き揚げの指令を受け、この指令書を持って箱館へ赴くこととなった。

このため三月六日、支配組頭・宮田文吉らを伴い、蒸気船奇捷丸で品川を出帆、一六日に箱館へ着いた。

しかし、橋本が着いた頃には、人心動揺の鎮静に心を砕いていた杉浦は、場所請負人のたびたびの嘆願に押されて、自分の責任で運上金の増徴を見送り、二月二九日、「諸場所請負人、来巳年より七カ年季受負諸事是迄ノ通可心得申渡ス」と年季切り替えを行なってしまっていた。

また、蝦夷地警備を担っていた諸藩の動向は日増しに不穏になり、商人たちの不遜《ふそん》な言動もなされるなど、幕府の権威失墜は決定的になっていた。

ところが、三月二〇日、江戸へ行っていた荒木済三郎からロシア蒸気船で、「蝦夷地警備の諸藩へ箱館での処置を任せて、とにかく江戸表へ帰るように」との幕閣からの指令書（三月一一日付）が届けられた。これは荒木が杉浦の決意を無視し、幕吏の身の安全のみを考慮した副申を添えたために出された指令だった。

杉浦、再三の上申書で巻き返す

これに対して杉浦奉行は、蝦夷地の事情に精通している奉行所御雇の鈴木陸治と今後の

方針を協議のうえで、

①　京師布告書は布達しないこと

②　当地の処置については、市在へ触書を出して、民情の安定を図ること

③　同心足軽の不安を取り除くこと

④　これ以上、箱館にある穀物を江戸へ輸送しないこと

⑤　政事は一日たりとも止めることはできないこと

などを再確認し、三度目の上申書を書き上げて、江戸へ戻る橋本悌蔵に託した（橋本は四月三日出航）。

なお、この上申書には、

①　杉浦の現地責任者としての並々ならぬ覚悟を示すとともに、

②　蝦夷地警備の任務をどこかに肩代わりして江戸に帰府すれば、市在の混乱をいっそう助長するのは必至であり、

③　特に場所詰役らの総引き揚げを実施した場合は、北蝦夷に雑居するロシア人が南下蚕食する恐れが増大し、国土を失うことにさえなりかねない。

④　朝命を受けた人々が当地に派遣され、彼らに引き渡しを完了するまでは、引き揚げ

る意志はない、
と言い切っている。

注・もっとも杉浦は、三月三日、松前藩から、「新政府の鎮撫使が下向する。それも公家の清水谷隆政なる者が長州人六〜七〇〇人を護衛として二月二八日頃、兵庫を出帆した」などという情報を得ていたので、平穏裡の引き継ぎには自信を持っていたようだ。また、伊達林右衛門ら有力な商人も、早くから鎮撫使派遣についての情報を得ていた模様である。

三月二一日にも、杉浦は町民に対して触書を出し、

「朝廷からの命令次第で、穏便に引き継ぎを行なう予定だが、それまでは安心して家業に励むように」

との施政方針を伝えた。また部下に対しても同様の趣旨のほか、

「広大な蝦夷地を預かる者が任務を全うするには、事務に慣れた人を任用しなければならないだろう。引き続きこの地で任務に就きたい者は、箱館が松前藩の手を離れて幕府直轄になったときのように、仕事とともに人も引き継ぐこととなると思う」

旨を述べ、配慮を示した。さらに、

「(蝦夷地は)外国の脅威にさらされやすい地なので、万一、外国の侵略を受けるようなこ

とがあれば、これほどの大罪はない」

とも述べ、蝦夷地経営の重要性・民心安定の重要さを強調している。

プロシア人R・ガルトネルの要請に配慮

ただ、話がややさかのぼるが、慶応三年（一八六七）頃、箱館奉行杉浦誠は、箱館に来ていたプロシア商人ライノルト・ガルトネル（以下「R・ガルトネル」という。文久三年（一八六三）頃来日した模様）に対して、亀田の鍛冶村（箱館に近い七重村付近ともいう）で西洋式農業を始めるための開墾に着手することを許可していたようだ（同人は、一、五〇〇坪の開墾の許可を受けて、開墾に向けた準備を開始したともいわれる）。

R・ガルトネルは、弟のコンラート・ガルトネル（以下「C・ガルトネル」という。文久二年の日普修好通商条約締結後に来日し、箱館駐在のプロシア副領事などをつとめた）の協力を得て、この地で西洋式農場を展開しようと画策していた。

余談だが、最近ではガルトネル兄弟だけでなく、当時のプロシア領事だったフォン・ブラントも、蝦夷地に重大な関心を抱いていたことがわかっている。彼らプロシア人にとっては、この地の気候は北ヨーロッパに似て住みやすい上に、地味が肥沃で水の便もよく、故国よりよほど魅力のある土地に映ったようである。

そこで、彼らは「この地を殖民地としてぜひ獲得したい」と考えるようになるのだ。

一方の杉浦誠は、この地でR・ガルトネルに当時最先端を行く西洋式農場を創設させ、そのノウハウを彼らの力を借りて蝦夷地、ないしは全国各地に広めていくことにより、国力の増強に大きく寄与できる、と考えたのだろう。

ただし、杉浦は後日、箱館から江戸総引き揚げを行なう際には、このR・ガルトネルとの約束を完全に解約しており、杉浦の清水谷新政権に対する『地方引渡演説書』には、このことをうかがわせる記述があるようだ。

ただ、杉浦のこうした行動が、結果として後年の「ガルトネル事件」(この事件の詳細については、後述する)の端緒となり、清水谷公考の責任問題にまで結びついた側面も、否定できないようにも思われる。

杉浦誠は四月に奉行として箱館へ着任し、C・ガルトネルと初めて会っている。その頃の奉行所は、各国領事の要請に応じて公金を貸しており、九月、C・ガルトネルの要請に対しても五、〇〇〇両を用立てていた。

幕府首脳、杉浦の方針を了承

橋本悌蔵に託した杉浦の上申書は、四月一〇日、悌蔵から幕府首脳に提出された。その月の一四日、幕府から「書面ノ通可心得」との指令があり、杉浦の「「最後まで不動」の決意―箱館に最後まで留まり、新政府の現地機関へ平和裡に引き継ぐ―の決意は了承された。

杉浦自身も、閏四月五日に箱館へ入港したプロシア蒸気船ロア号がもたらした、四月一六日付御用状で、このことを確認している。

新政府首脳、北方問題で危機感強める

明治天皇が蝦夷地開拓について諮問

慶応四年三月九日、明治天皇は太政官代（於・二条城）に臨幸、三職（総裁・議定・参与）を召集して、清水谷・高野両名の建議（蝦夷地開拓）の可否について諮問した。

この場で三職一同からは、「開拓可然」との言上があり、何らかの施策が期待されることになった。

翌一〇日、天皇は、再度三職に対し、「蝦夷地開拓」及び「鎮撫使派遣の遅速」についての建言書を、一二日までに提出するよう促した。

しかし、提出された二五通の建言書は、「何等の意見も無之候」とか、「至当の御儀と存候」などが大半で、すこぶる具体性を欠いていた。

公考ら再び建議書を提出

そこで清水谷公考と高野保建は三月一九日、再び七カ条にわたる「建議書」を提出した。その内容は、新政府内部の様子を見たうえのことか、次のような点を強調したものとなっていた。

① 蝦夷地の開拓のため、諸藩に布告し有志の者は自由に移住させたらよい。そのため、大坂、敦賀など各所に「会所」を置いてはどうか。

② 蝦夷地経営に懸念があれば、なお諸藩の有志をも採用したらよい。

③ 鎮撫使が派遣されれば、松前家が先導するようだ。箱館奉行所の役人も反抗する心

配はなく、さらに蝦夷地の警備に携わる諸藩も、会津・庄内以外は復古の趣旨に沿うであろうし、一般庶民も同様の状態である。

④対外的には、ロシアなどとこれまで通り違背のない限り親交を結び、国境問題が起きれば伺いのうえ、返答あるべしと対応するのがよい。
ただし、箱館在留のイギリス人トーマス・ライト・ブラキストンを採用すれば、航海術など西洋技術を学ぶことができるだけでなく、ロシアに対応するにも効果的である。

⑤箱館の表の処理が済みしだい、全島の要地である「石狩」に本拠を定め、徳川の因《いん》循姑息《じゅんこそく》の風習を一掃して、奥地開拓を推進すべきである。

⑥樺太は雑居の条約で議論の余地もないが、ただロシアの手が薄い東北奥地部の開拓が最も肝要である。

⑦開拓の功をあげるには、とかく悪評の高い「場所請負人」を廃止すべきであるが、現状においては、かえって異論が生ずることは必定なので、民政に関して人心克服し退屈させないよう、安静をもととすべきである。

以上であるが、この趣旨には岡本監輔の持論が反映されているばかりでなく、のちに新政府によって立てられた初期の蝦夷地（北海道）・樺太開拓方針とも、一致する点を多く含んでいる。

注・④に、当時箱館に滞在していた英国商人・ブラキストンの採用を提言している記述がある点は、非常に興味深い。

岩倉具視が三カ条の策問—新政府の蝦夷地開拓順序決まる

慶応四年三月二五日、新政府内部で蝦夷地開拓の具体策が討議されることになり、副総裁・岩倉具視が三職、徴士に対し、次の三カ条を策問した。

第一条　箱館裁判所被取建候事
第二条　同所総督、副総督、参謀人選の事
第三条　蝦夷地名目被改、南北二道被立置テハ如何

討議は第二条の総督以下の人選に集中したが、岩倉副総裁は衆議をまとめ、
「先ノ人選ヲ決定シ、然ル後裁判所取建、追々開拓ニ手ヲ下スベシ」
と宣して議事を終え、新政府の蝦夷地開拓順序が決定された。

注・のちのことだが、第三条については、翌明治二年の開拓使設置後の八月一五日に実施、その結果、蝦夷地は二分されることなく、「北海道」となった。この呼称は、蝦夷地をくまなく実地踏査した実績を買われて、開拓判官に任命されていた松浦武四郎の意見に基づくもので、同時に渡島国以下一一か国八六郡名も設定された。

井上石見が意見書を提出

岩倉具視の策問に対し、彼の信任の篤い制度事務局権判事・井上石見《いわみ》（長秋《よしたけ》。弥八郎）が同月、意見書を提出した。

井上はもともと鹿児島の諏訪神社神職の出で、早くから尊王の志士として奔走、岩倉具視と薩摩藩の橋渡しを担当しており、蝦夷地の開拓に対しても一家言を有していた。

彼の意見書は、蝦夷地の開拓に「機械力」を導入することを力説したのだが、その要点を整理すると、次のとおりである。

① 農業は国の基本であり、これを振興するには土地を開拓し、人口の増加を図ることだ。

② 人口を増加させるには、仕事を簡易にし、かつ租税を少なくし、機械を使用して労働力を軽減することだ。
③ 西洋では蒸気機関を発明したので、労働力に余剰ができ、新しい土地の開拓計画が促進され、何千人もが海外の遠い国々に送られ、開港、交易で莫大な利益を確保している。
④ 最近、わが国では内外の問題が山積、多額の予算を必要としている。
⑤ 蝦夷地開拓は、わが国の北部にとっては極めて重大なことで、一刻たりともおろそかにできない。対策は様々でも結局、内地の人びとを移住させなければ成功できないだろう。
⑥ 国内の田畑が荒廃しないよう、税金を安くし、機械を製造して人口が増加するような政策が、最も急がれている。

翌四月、井上石見はさらに蝦夷地開拓論を展開する。ここでは旧来の考えを批判し、機械の製造と使用、水車の建設活用などを強調するものだった。

注・「蝦夷地開拓ノ事ニ付、機械ヲ製造シテ、人力ヲ省略スルノ策、急務ト奉存候」と言上したところ、具体策を提出するようにとの「御下問ヲ蒙リ」、「蒸気機械ハ俄ニ製シ難ケレバ、先ツ水車ノ一事ヲ以テ……追々器械ヲ以テ成シ得ル限リヲ極メ、無益ニ人力ヲ費ササル様、遠大ニ思慮ヲ尽サハ、国家富強ヲナスコト又何ソ難カランヤ」と言上している（『太政官日誌』）。

井上の意見書の内容は外国の新聞にも掲載され、知れ渡るのだが、この意見は特にプロシア人R・ガルトネルの農場開設の考え方とかなり共通する点があった。

こののち両者は箱館で出会い、意気投合することになる。

箱館裁判所創設を決定─総督就任へ

慶応四年四月一二日（この日は、江戸城開城の翌日に当たる）、新政府は「箱館裁判所」の設置を決定した。

それまで、箱館には幕府の現地機関である「箱館奉行所」があったが、これに代わる新政府の蝦夷地統括機関として、この裁判所が新設されることになったのだ。

ただし、「裁判所」とはいっても、今日のような司法権を行使する国家機関ではなく、当時、大阪、長崎、京都などの開港地や重要都市に置かれた「一二の地方行政機関」の呼称である。

このとき、箱館裁判所の布陣としては、トップの総督に皇族の仁和寺宮嘉彰親王《にんなじみやよしあき》（小松宮彰仁。軍防事務局督）を、副総督には清水谷公考と、樺太警備・開拓に功のあった越前大野藩主・土井《どい》能登守利恒《としつね》の二人を据えることとなった。

注・この三人の辞令には、「但　限三年」（『復古記』三）という但し書きがついており、閏四月五日に公考が総督に昇任した辞令にも、同じ但し書きがついていた。この但し書きは、箱館裁判所人事だけに限ったものではないが、この但し書きと、先の岩倉副総裁の「裁判所取建、追々開拓ニ手ヲ下ス」云々からみると、箱館裁判所を設置した意図は、先ず旧幕府から蝦夷地の経営権を引き継ぎ、新政府のもとで定着安定させることまでを主に考え、本格的な開拓は、今後政情が落ち着いてからということだったようにも思われる。

また同日、下僚として井上石見（権弁事）、岡本監輔を徴士兼内国事務局権判事とし、箱館裁判所に在勤を命じた。

しかしながら、仁和寺宮と土井は、その後の事情で赴任前に就任を辞退してしまった（土井は、「疾ヲ以テ暇ヲ請ヒ、藩ニ帰ル」とあり、赴任途上、敦賀で辞職した）。

このため閏四月五日、急きょ、清水谷公考が総督に就任することとなり、新政府から、

「蝦夷全島一切御委任ニ相成候間、機宜見計無二念尽力可有之候事、但内国非常ノ大事件並ニ魯西亜《ロシア》交際中非常ノ大事件ニ至リテハ伺ノ上所置可有之候事」（『清水谷家文書』東史蔵）

との沙汰書を受けた。

即ち、特筆すべき内外の重要問題以外は、蝦夷地に関する諸政務が委任されることが確認されたのだ。このとき、公考はわずか二四歳の若さであった。

なお、このとき公考は、内国事務局監督・徳大寺実則から、

① 箱館裁判所が設置されたからは、従前内外の政務多端のため旧幕府が止むを得ず不行届の事もあったやに聞いている。しかし、王政一新の時となったので、内地は勿論蝦夷地の開拓にも漸次着手の予定であるから、新政府の意図を十分に知らしめ、万民の生業を安堵《あんど》せしむること。

② 開拓は素《もと》より急務だが、実際に着手するのは容易なことではないので、議論理屈でなく現地の情態を熟察し、着実の処置が肝要だ。

井上石見其外を添えるので諸事十分に評議し、後顧の憂いをなくすよう取計らい、重大難事件は太政官と協議すること。

③ ロシア人と雑居の地（注・樺太のこと）は、現在外国交際については深い思召《おぼしめし》もあ

るので、ロシア人其他外国人との外交も「忽卒ノ取計」らいとならぬよう、注意すること。

④　現在、会津藩等が暴威を募り、官軍（新政府軍）に対して抵抗している。蝦夷地へ渡る者があるかも知れないが、奥羽地方の人民は塗炭《とたん》の苦しみに陥《おちい》っている。おいおい征討兵を差し向けるので、蝦夷地へ渡る者（抵抗者など）がある場合は、守衛の各藩を指揮して速やかに鎮圧すること。

などと、具体的な指示を受けている（『清水谷公正家記』、『復古記』4）。

配下の実務担当メンバー（参謀）出揃《でそろ》う

清水谷公考総督配下の実務担当者についても、井上石見《いわみ》（長秋《よしたけ》）・松浦武四郎の両名が内国事務局判事に、岡本監輔・山東一郎・小野淳輔《じゅんすけ》、堀真五郎、宇野監物《けんもつ》（のち巌《いわお》　玄溟《げんめい》と改名）の五人が同権判事に任命されて、陣容が整った。

次に、これら主要な実務担当者の略歴について、簡単に記しておく（岡本監輔・山東一郎についいては、先に記したところと一部重複）。

なお、松浦武四郎（弘。伊勢郷士）も判事に任命されたとはいうが、彼は公考らとともに渡道してはいない。また、清水谷総督の参謀格の人選については、当初、大久保利通が松浦武四郎を、木戸孝允が越前大野藩の内山隆佐《りゅうすけ》を、岩倉具視が腹心の井上石見を推し、容易に決まらなかった経緯もあるようだ。

〇井上石見（長秋。弥八郎）

天保二年（一八三一）、鹿児島の諏訪神社神職井上祐住の子として生まれる。兄は井上出雲（のちの藤井良節）。若くして尊王の志を抱き、万延元年（一八六〇）には京都へ上り田中河内介ら志士たちと交わる。文久二年（一八六二）島津久光に従って上洛した後、粟田宮・岩倉具視をはじめとする堂上公家や諸侯、志士たちの間を周旋し、国事に奔走した。また、兄の出雲とともに、岩倉村に蟄居中の岩倉具視を訪問し、薩摩藩との連絡役もつとめた。

慶応二年（一八六九）、岩倉具視の命を受け、大原重徳をはじめとする反幕府派公家の糾合を計り、二二卿列参を策した。

大政奉還の折には近衛忠房へ入説するなど、重要な政治的役割を果たした。岩倉具視に近い人物であるが、蝦夷地の開拓にも一家言を有していた。

新政府に登用され、慶応四年閏四月、徴士参与・内国事務局判事を経て、箱館裁判所・箱館府判事となる。

こうして、箱館裁判所・箱館府の実質的な実務責任者として箱館在勤を命じられた。蝦夷各地、択捉島《えとろふとう》などの国土・物産を調査中、明治元年九月一四日、釧路を船で出航後、遭難して行方不明になった。

贈正五位。薩摩藩と岩倉を結びつけた井上は、新政府内で隠然たる力を持っていた。事実、彼を事故で失った箱館裁判所は、その脆《もろ》さをあらわにする。

○岡本監輔（文平《ぶんぺい》。韋庵《いあん》）

天保一〇年（一八三九）、阿波国（徳島県）美馬郡三谷村（美馬市）の農家（かたわら医兼売薬の田舎医者）に生まれる。京都の儒者・池内陶所（大学）の門に入るが、陶所が安政の大獄のあと斬殺されたので、江戸へ出て間宮林蔵や松浦武四郎の北方探検を知り感動、自らも樺太へ赴き、全島を一周、調査した。

ここで見たのはロシアの武力侵略と幕府の無策だった。慶応三年（一八六七）、監輔は清水谷公考邸に食客として寄寓した。

○山東一郎（直砥）

天保一一年（一八四〇）紀州（和歌山県）出身。材木屋の息子に生まれる。一時、高野山などで僧籍にあったがなじめず、還俗して播磨国（兵庫県）の河野鉄兜をはじめ、京坂、江戸の学者に学んだ。

その後、箱館に出てロシア人宣教師ニコライにロシア語を学ぶ。この頃、樺太から帰って来た岡本監輔と会い、ともに北地問題を論じる。山東はロシア渡航を画策するが果たさず、のち岡本と行動をともにし、江戸、京都に至る。明治三七年（一九〇四）没。享年六五。

○小野淳輔《じゅんすけ》（高松太郎。のち坂本直《さかもとなお》と改名）

天保一三年（一八四二）年、土佐藩郷士・高松順蔵と千鶴《ちづ》（坂本龍馬の姉）の間に長男として生まれる。土佐郷士・坂本龍馬の甥。

一九歳のとき、九州に剣術修行の旅に出る。旅先で武市半平太と出会い土佐勤王党に加盟し、尊攘運動に身を投じる。

文久二年（一八六二）土佐藩主に従って上洛し、三条実美の勅使東下を警護した。叔父・坂本龍馬の紹介で幕臣・勝海舟の弟子となり、翌三年神戸海軍操練所で航海術を習うが、八月一八日の政変後、土佐勤皇党が弾圧されると、脱藩して龍馬と行動をともにする。

その後、薩摩藩の庇護を受けて、龍馬や陸奥宗光らと長崎で亀山社中（のちの海援隊）を結成、その隊士として活躍する。

慶応三年（一八六七）、小野淳輔と改名、翌四年には蝦夷地経営についての建白書を新政府に提出。五稜郭に置かれた箱館裁判所（のち箱館府と改称）の権判事となり、箱館へ赴任。外交掛に刑法掛、生産方、会計方を兼ねる。

なお、同裁判所へ出仕した経緯については、時期は定かではないが、淳輔は以前から清水谷公考の知遇を得ており、また、かねて淳輔の蝦夷地への志を聞いていた岡本監輔が、公考に頼み込んで実現したといわれる。

一〇月、旧幕府軍が箱館へ進攻して来ると、清水谷公考らとともに青森へ撤退した。

翌明治二年（一八六九）五月、旧幕府軍は降伏したが、淳輔はこの戦いの軍功により、松前藩主から賞金と刀剣一振りを下賜されている。

七月、開拓使の設置が決まり、清水谷公考は開拓次官となるが、何らかの理由でまもなく辞職して上京、淳輔も権判事を免ぜられる。公考を頼り、行動をともにしたのかも知れない。

のち土佐藩から召喚命令が届き、先年の脱藩の罪を問われて三〇日間の謹慎処分に処せられた。

明治四年（一八七一）八月、朝廷は坂本龍馬の非命を憐れみ、淳輔に家名を継がせたので、永世一五人扶持を給せられ、「坂本直」と改名した。

以後、東京府典事、宮内省雑掌、舎人《とねり》などを歴任するが、明治二二年、キリスト教信奉を理由に宮内省を免職になり、やがて高知へ戻って弟・坂本直寛《なおひろ》宅に同居した。

キリスト教に帰依したのちは、高知教会（現・日本基督教団高知教会）の熱心な信者になる。同じくクリスチャンになった龍馬の暗殺犯とされる今井信郎を、龍馬の法要に招いたりもしたという。

明治三一年（一八九八）一一月七日、病のため郷里の高知で死去。享年五七。

翌年、妻の留が息子の直衛を連れて、北海道の浦臼《うらうす》に移住した坂本直寛のもとに身を寄せている。

○堀真五郎（新五郎。義彦）

天保九年（一八三八）、萩（山口県）の妙玖寺《みょうきゅうじ》の臣（陪臣）・堀文左衛門松園の子として誕生。堀家はもと菅原姓だったが、河川開鑿《かいさく》に巨費を投じて功を立て、藩主より堀姓を下賜されたという。長州（萩）藩士。万延元年（一八六〇）、脱藩して諸藩を遊歴。文久元年（一八六一）、萩に帰り松下村塾に潜伏。翌年久坂玄瑞《くさかげんずい》らに推されて薩摩へ赴き、同藩尊攘派の有馬新七らと上洛し寺田屋事件に遭遇。

その後、公武合体を進める長州藩の長井雅楽《うた》の暗殺を久坂玄瑞らと企てたが、失敗して捕らわれる。釈放後は高杉晋作に従い、英国公使館焼き討ちに参加。中山忠光に従って久留米に赴き、真木和泉らを救出して上洛。文久三年（一八六三）、山口で同志と八幡隊《やはたたい》を結成して総督となり、藩内戦、第二次幕長戦争などで活躍した。

慶応四年（一八六八）一月、討幕軍に加わり福山城を攻略した。閏四月、徴士・内国事務局判事（箱館在勤）として清水谷公考総督とともに箱館に赴任。兵事及び諸藩応接の事を管掌し、箱館警備のため府兵二小隊を編成した。

一〇月、旧幕府軍を迎え撃ったが、衆寡敵せず清水谷府知事を奉じて青森へ退く。翌明治二年四月一二日からは、青森口陸軍参謀として総督府及び箱館府の事務を処理した。

同年一〇月からは、箱館府会計の残務を整理して、明治四年三月、帰郷した。次いで明治八年五月裁判所判事となり、東京ほか各地の裁判所長を経て同二三年大審院判事、貴族院議員などを歴任した。

大正二年（一九一三）一〇月二五日に逝去。享年七六。著書に『伝家録』などがある。

○宇野監物（巌《いわお》　玄溟《げんめい》）

京都の人。慶応四年閏四月、箱館裁判所権判事に任じられたが、これは岩倉具視との縁で登用されたものといわれる。

清水谷総督に従い箱館に赴任し、もっぱら会計を担当した。河野常吉著『北海道史人名字彙　上』によれば、「玄溟議論高尚なりしが、実際には迂闊《うかつ》の譏あり。」と評している。

慶応四年七月白老に出張、一〇月には旧幕府脱走軍の進攻により箱館から青森へ退去した。

この年の一二月、官を免ぜられた。宇野の略歴などに触れた文献は殆ど見当たらず、不明な点が多い。

第三章　蝦夷地への赴任

赴任前に各方面へ協力要請

慶応四年四月一四日、清水谷公考らは、松前、秋田、弘前、盛岡各藩の京都留守居役を呼び出し、この日、太政官から、蝦夷地警備と旧幕府箱館奉行所の金穀などの保全を命じる達書が、四藩に対して出される旨を伝え、協力を要請した。

これに対し、四藩と仙台藩（同藩のみ一五日達）は、翌一五日、警備地域に対する思惑などから足並みは揃《そろ》わなかったが、箱館裁判所設置の先触れ役に藩士を付き添わせることは、承諾した。

次いで一七日、新政府から旧幕府箱館奉行所の諸役人に対し、旧幕府の金穀並びに物産を、警備諸藩へ引き継ぐことを命じる達書も出された。

新政府、七カ条の開拓基本方針を示す

同時に新政府は、この日、これまでの論議を取りまとめた七カ条の「覚」、蝦夷地開拓

基本方針を示し、

①　蝦夷地開拓の事は箱館裁判所総督に委任すること。

②　蝦夷の名称を改め地域を分けて国名を付けること。

③　諸藩の開拓熟練者は新政府へ雇い上げ、総督の管轄下とすること。

④　蝦夷地の諸税は開拓人費に充てること。

⑤　開拓出願の諸藩へ土地を割渡すこと。

⑥　樺太に最も近い宗谷付近に一府を立てること。

⑦　樺太の開拓は、蝦夷地開拓の目途がついてからとすること。

などが、確認された。

箱館裁判所総督に「蝦夷地開拓之御用」を委任すること、蝦夷地を五畿七道にならい南北二道に分け国名を付与すること、開拓は蝦夷地から着手し、順次、北蝦夷地（樺太）に拡張し、各藩にその一端を担わせることなどを内容としている（同前巻六十）。

要は、蝦夷地をいかにして「皇化」するかが、当面の課題だったといえよう。

当時の「箱館裁判所」とは？

この「裁判所」という組織は、新政府により、長崎・箱館など国内の開港地やその他重要都市、計一二カ所に「地方直轄領の支配組織」として置かれている。

「箱館裁判所」はあくまで幕府の奉行所の機能を引き継ぐ「地域の統治機関」であり、現在の司法機関である裁判所とは性格が違っていた。

なお、箱館裁判所の清水谷公考総督のもとには、前述したとおり、

① 判事　井上石見…薩摩出身で参謀格。岩倉具視に近い人物。

② 権判事　岡本監輔・山東一郎・小野淳助・堀真五郎・巌　玄溟

らが、それぞれ任命された。

ともあれ、北蝦夷（樺太）にとくに深い関心を抱いていた岡本監輔と山東一郎は、晴れて役人となり、月給三五〇円を支給される身となった。

豪商へ資金協力を要請

蝦夷地の警備体制・経営資金面に問題

蝦夷地への赴任に当たっては、二つの問題があった。

一つは、箱館裁判所の警備体制のことだった。

すでに箱館裁判所の設置直後の明治元年四月一五日、新政府は仙台・秋田・盛岡・弘前・松前各藩に対し、箱館警備を命じていた。

しかし、これら諸藩の警備兵は、松前藩を除き、奥羽戦争の拡大に伴ってことごとく帰藩してしまい、なんら用をなさなかった。

一方、新政府首脳の岩倉具視は、赴任する清水谷一行に対し、兵を連れて行くよう忠告し、井上石見も同意見だった。

しかし、岡本監輔と山東一郎は、幕府の役人は無能で抵抗もないだろうと推測。また、いたずらにロシア側を刺激する恐れもある、とも主張した。

それが受け入れられて、ついに「尺鉄短銃ヲモ携帯セスシテ北航」することになった

（『岡本氏自伝』）。

二つ目は、資金の問題だった。

公考は役職を賜ったものの、赴任費用・開拓資金を新政府から引き出すことは、ほとんで不可能な状態であった（新政府は東征軍派遣資金の確保にさえ、四苦八苦しているさなかだった）。

そこで箱館裁判所首脳は、二月二七日の「建議書」で建議した資金調達法である、「金穀ノ類ハ紀州、江州等ニ於テ彼ノ地（蝦夷地）ニ引合御座候町人共尽力支度内願ニ及候ハ多ク御座候テ、内々支度ハ租調居候間」（『内国事務局叢書』、『復古記』2）を実践することにして、近江（滋賀県）の豪商・珠玖《しゅく》清左衛門を箱館裁判所用達に任じ、蝦夷地産物取扱商人への献金の周旋を依頼した。

「建議書」でも述べているように、この件は予め商人たちの内諾を得ていたらしく、清左衛門の尽力により、箱館産物問屋から献金を受けることができた。

その金額は、『岡本氏自伝』によると山東一郎に清左衛門へ談判させ、二万両を調達したとあり、『北海道史要』には、清水谷家書類をもとにして、三万両を箱館に、二万両を北地の経営に資するため清左衛門に命じて調達した、とある。

両者の金額の差こそあれ、ようやく資金のメドもたち、清水谷一行は京都を出達できるようになった。

華陽丸で蝦夷地へ向かう

閏四月一四日、清水谷公考ら百人余の一行は京都を発ち、二〇日、敦賀《つるが》（福井県）から華陽丸（長州藩より差し回された汽船）に乗り込み、日本海ルートで一路、蝦夷地を目指した。

注・華陽丸はもともとは幕府の船で、伊予の松山藩が借りていたのを、長州藩が奪取した老朽船だった。それに船頭は酒田以北を知らず、一枚の地図もなかった。北へ向かって進み、不安になって船を止めたら江差の北にいたのを知ったため、いったん江差に入り、直ちに箱館へ向かうという有様だったという逸話が残っている。

なお、一行の赴任に先立ち、新政府の吉田復太郎、村上常右衛門、堀清之丞（堀　基）の三人が、先触れ事前調整役として箱館に派遣されており、これに蝦夷地警備を命じられた五藩から、藩士一人ずつが付き添った。

彼らは、先導役を買って出た松前藩の周旋により、閏四月四日、松前に上陸した。七日には箱館へ向かい、一〇日、箱館の本陣宿で秋田・盛岡・弘前各藩の藩士を同道のうえ、箱館奉行の杉浦誠に面会した。

そのうえで、箱館裁判所が設置されたこと、清水谷総督らが近日中に下向《げこう》する旨を、それぞれ伝えた。同時に、旧幕府の金穀、倉庫、器財などの引き渡し封印、下僚の任用など、引き継ぎ手続きについても伝達した。

注・杉浦奉行は、自分に宛てた新政府側二人（箱館裁判所権判事井上石見、岡本監輔）連名の書面を受け取った。それには、「先触れの者及び列藩の者に対し、元幕府蓄積の金穀、倉庫、器械等を子細なく引き渡し、封印をして総督の下知を待て」とあった。

これに対し、杉浦は書面を一覧のうえ、承知の意を伝えた。

さらに彼らに対し、その立ち合いのもとに金穀、武器、御蔵を封印し、奉行所、住居などもすべて一覧させて、その日から、杉浦は宮田文吉の役宅から奉行所へ出勤している。

ロシア領事の誘惑

この頃（慶応四年閏四月一〇日頃）、箱館駐在のロシア領事ビューツォフが、箱館奉行・杉浦誠に対して、幕府崩壊を気の毒に思ったのか、

「援兵が入用ならば、本国へ連絡して容易にできるから」

という内談を持ちかけた。

要は、「新政府軍と一戦交えたら。その気があるならロシアは武器も兵力も出して支援する」と誘ったのだ。

しかし、杉浦は、この話をきっぱり謝絶したと回顧している（明治三〇年発行の雑誌『旧幕府』一巻九号）。

江差へ到着、姥神大神宮に参拝

慶応四年閏四月二四日（二三日説もある模様）、清水谷公考が最初に着いた地は、蝦夷地

の江差港だった。

金叩きの軍笠を被った公考は、順正寺（現・真宗大谷派江差別院）を宿所とし、江差の鎮《ちん》守《じゅ》である姥神《うばかみ》大神宮に参拝した。その際、同大神宮に奉納した和歌が現存する。

「この浦乃（の）　た美（民）をそだ亭（て）し姥紙に　猶《なお》ゆくすへを　祝《こ》きまつるな李（り）」

この一首は、直接には江差の繁栄を願った歌だが、これから責任者として蝦夷地の平定がつつがなく進むように、という祈願、決意を著わしたものだろう。

なお、姥神大神宮所蔵の資料には、公考が乗船してきた華陽丸の絵がある。この絵には、菊紋の旗、裸割菱の旗が掲げられ、煙突からは煙が立ち上っている。

翌二五日、公考は山東一郎、小野淳輔の両権判事を陸路、箱館へ向けて先発させている。

杉浦箱館奉行が、平穏な引き継ぎに腐心していることは、伝わってはいたが、不穏な動きがあるとの情報もあり、箱館表の動向には細心の注意を払っていたのだ。

注・世情騒然としたこの頃（閏四月四日）、小樽内、銭函（いずれも小樽市）の漁民六〇〇人余が、賦役《ふえき》の半減、借米の棄損《きえん》を求めて、石狩役所配下の小樽内役所を襲う騒動（「小樽内騒動」）が起きている。

箱館へ到着、杉浦奉行と対面―引き継ぎへ

箱館港へ到着

清水谷公考らも二五日には船で江差港を出て、翌二六日に箱館港へ到着した。つまり、目的地・箱館に着いたのは、慶応四年閏四月二六日で、この日は晴であった。

午前一〇時過ぎ、堀清之丞（「基」）と小野淳輔が、五稜郭内にある旧箱館奉行所の表座敷壱ノ間で杉浦奉行と対面した。この席で小野は、

「（自分は）勝海舟の塾にいた」、「あなたが幕府の目付だった時代に、大坂でしばしば会ったことがある」

と自分の方から話しかけた。

「同人へ引合、五稜郭引渡シ相済ミ、自分ハジメ一同退去」

これによって同日午後、箱館奉行所は事実上、新政府に引き継がれたのだった。五稜郭の御門を固める番兵も、幕府歩兵から松前藩士らに交代した。

杉浦奉行と対面、無事引き継ぎを終える

箱館港に入り、称名寺で休息していた清水谷公考総督の一行は、この日の夜に五稜郭へ入った。杉浦と公考が対面したのは、翌二七日であった。

この日も晴であった。午後三時前、表座敷壱ノ間で両者は対面した。杉浦は熨斗目麻上《のしめかみ》下《しも》、公考は赤地錦直衣引、立烏帽子《たちえぼし》で坐していた。

敷居外二ノ間左右に、羽織袴《はおりはかま》で列座の者が控えた。杉浦は壱ノ間敷居の中に入り、腰の刀をはずしてお辞儀《じぎ》をした。

総督・清水谷公考からの御達しが終わると、列座の筆頭から公考の御達しを認めた書面が渡された。

この書面には、金穀、武器を引き渡したのは神妙の至りで、朝廷にも言上すること、これまで勤めていた者は、上下一同、衣食に苦しくないよう取り計らうこと、人材にしたがって任用することなどが記載されていた。

約一時間ぐらいで儀式は終わり、杉浦奉行は三ノ間で新政府側の判事井上石見以下、権判事岡本監輔、巌玄溟、山東一郎、小野淳輔、堀真五郎らと会っている。

なお、午後四時過ぎに帰宅した杉浦誠は、組頭、調役らを呼び寄せて今日のしだいを説

明、これからの手続きなどを相談した。

終わったのは夜一〇時だったと日記にある。

これによって、箱館奉行所の引き渡しは、滞《とどこお》りなく終わった。

後日、詳細な目録書の引き渡し

しかし、実際に細かい事務の引き継ぎとなると、込み入った問題があり、簡単には片付かない。杉浦はこれを見越して、予め箱館や蝦夷地の政務を詳細に説明した「地方演説書」、「蝦夷地演説書」を用意していた。

この演説書も含め、事務引き継ぎに必要な目録書の引き渡しは五月一日に行なわれた。

注・この直後、さっそく問題が起きた。二七日夜、一人のロシア人が秋田藩留守居役数人と喧《けん》嘩《か》をして、傷を負った。この事件で、ロシア領事から新政権に対し、犯人究明の申し出があり、組頭山村惣三郎と調役海老原庫太郎が駆り出されるはめになった。

五月四日には、杉浦まで駆り出されてロシア領事館へ赴く。ビューツォフ領事は「総督が挨拶に来ないと、五稜郭に出頭しない」という。

杉浦は五稜郭へ立ち寄り、井上石見、小野淳輔らに会い、ロシア領事の言い分を取り次ぐが、「もはや自分は手切れとなっていることだ」としている。
箱館奉行所の金穀（資金）は、江戸表の状況を心配した杉浦誠が三月中に江戸へ回送してしまったため、箱館にはほとんど残されていなかった。このため、箱館裁判所首脳は諸政務の遂行と同時に、先ずは金穀の確保に奔走しなければならないことになった。

また、新政府に引き続き奉職を希望する者は、そのまま採用された。

なお、新政府の「位階」については、組頭が司事、調役が参事、定役元締が従事、定役が給事、同心が趨事《すうじ》ということであり、調役格通弁御用の堀達之助は参事席である。

五月一九日、島屋便の今夕着として、「田安亀之助が徳川家を相続」との報が届く。杉浦は日記に「誠ニ以テ恐悦《きょうえつ》至極《しごく》ノ儀ナリ」と記している。

翌二〇日、組頭以下の者たちが杉浦のところに来訪し、御相続のお祝いを述べた。

杉浦ら旧幕臣、江戸へ帰還

杉浦奉行ら旧幕臣達の江戸帰還について、触れておきたい。

杉浦は江戸へ帰る準備を始めた。慶応四年六月二日出航予定の英国商船フィルヘートル号との間で、総人数九〇人余、馬一匹を乗せ、運賃千両で引き受けるという相談がまとまった。

箱館裁判所権判事・小野淳輔が話を通し、運賃のうち三〇〇両は新政府が負担することも、了解した。

五月三〇日、杉浦は小野淳輔、山東一郎両人の招きで、夜七時過ぎから本陣で御馳走になっている。

「六月朔日《さくじつ》（一日）　雨」

杉浦は暇乞《いとまご》いのため、麻上下《かみしも》を着用して箱館裁判所へ行く。彼の出発を聞いて、別れの挨拶に来訪する者もあとを絶たなかった。

翌六月二日は晴である。午後二時過ぎ、杉浦は箱館港に碇泊中のフィルヘートル号に家来、家族、馬一頭とともに乗り込んだ。

同行するのは組頭勤方中沢善司、調役酒井弥次右衛門、調役古橋次郎、調役並最上徳内ら一九人とその家族である。

杉浦自身は、妻お喜美と次女お登美、用人太田門蔵、荒木勘兵衛、近習秋元勝之進らを連れていた。家族を含め、総勢九三人であった。

フィルヘートル号は翌三日朝六時に箱館港を出帆し、七日夜半、横浜港へ着いた。

八日夕方には神奈川に上陸し、江戸への便船を雇った。しかし風向きが悪く、足止めを余儀なくされた。

六月一三日夕方、杉浦はようやく大川端埋堀の自邸に帰った。

注・杉浦誠の息女の墓が函館市の神山大円寺に保存されているという。

第四章　開拓行政の体制・方針

五稜郭に箱館裁判所を開庁──御一新を布告

清水谷公考は新しい国づくりに意欲を燃やし、閏四月、庶民に対して御一新の布告を発する一方、五月一日、五稜郭において「箱館裁判所」を開庁した。

しかし、わかりずらいことに、実は新政府中央では、閏四月二四日に箱館裁判所を「箱館府」と改称、清水谷公考を「知府事（知事）」に任命していたのだった。しかも、この情報は、まだ現地の清水谷政権のメンバーには届いていなかった。

注・厳密には、箱館裁判所は閏四月二四日に廃止されて、公考は総督ではなくて、箱館府知事だったことになる。

このあたりの詳細については、後述するが、ともかくも中央での箱館裁判所を含む裁判所制度廃止後に、現地で新設された、という妙なことになったのだった。

それはともかくとして、箱館在留の外国領事たちに対して、権判事小野淳輔の名で、「今一日当地政務総督府へ受取、外国事務の儀ハ拙者並別紙名前ノ者引受取扱、且ツ運上所ノ儀ハ差向是迄通据置候ニ付、此段及報告候　謹言」

との通知がなされた。ちなみに、小野淳輔以外の外務担当者は、長谷部卓爾、三沢揆一郎、榊正之助の三人だった。

注・開庁が宣せられ、引き継ぎを終えた箱館奉行・杉浦誠は、「此度裁判所御取立ニ付、今朔日当地市在其外共引渡相済候条、得其小前末々迄不洩様可触知モノナリ　五月朔日　兵庫印」と、為政者交代の触書を発し、最後の勤めを果たした（『函館公文集』巻3）。

また、裁判所首脳は、閏四月二七日に五稜郭管理を引き継いだ後、「裁判所規則」の検討を進めていたが、先ず「官吏服務規程覚」（慶応四年五月「箱館裁判所例規」）を定めた。

この服務規定は、

①「局中一和」に信義を不失様肝様ノ事」以下、六カ条から成っており、

② 権威がましき振舞いの禁止

③ 外国人との勝手な談話や喧嘩《けんか》争論の禁止

④ 異変の際は、混乱を防ぎ、臨機に指揮を待つこと

⑤ 法令を守り、役務に精勤し、悪を掩《おお》い善を拒《こば》むことなきこと

⑥ 不正の所業は虚実を観察方で糺《ただ》すこと

などが定められていた。

裁判所の上層部は京都から随従してきた者、下僚は旧幕府奉行所から実務担当者として引き継がれた者から成り立っていた。

箱館裁判所、施政方針普及に腐心

箱館裁判所は、開庁と同時に、新政府の施政方針の普及・具体化に着手する。

慶応四年三月一五日、つまり清水谷公考の現地赴任前に、新政府は既に旧幕府の高札を一切撤去し、あらためて五カ条の禁令を掲示することを命じた。蝦夷地においても、いち早くこの高札が立てられていた。

また、箱館裁判所においては総督以下の着任早々、一般庶民に対して、閏四月、次のような布告を出した。

「此度徳川氏政事をかへし奉り、島々の果てまで悉く天子様の御直接支配に遊ハされ、当所ニも裁判所御取建相成候、其御総督様と申奉るは、皆々存知之通、天子様の御そばにあらセられ、申までもなく尊き御方ニ候得共、是迄と違ひ、民百姓ハ子のことくあわれみしたしく被成、御威光かましきことハ不被成、町人百姓浦人まで安楽に渡世いたさせ、此土地繁昌して、都の様に被成度思召に候ゆへ、下々迷惑之ことハ何事によらず、恐れはばからず申上げ候ハ、忽チ御吟味被為有、からき目に逢候者ハ御救ひ被下候ゆへ、御法度をかたく相守り、ねがひことするにも役人共へ聊《いささか》にても進上ものなといたすまじく、是を賄賂といふて上を軽しめることに相成り、別て宜からざることにて、天子様よりも御禁制の事に候。此等の趣総督様深き思召を以て、被仰出候ゆへ、あつく相心へ候様申渡候なり。」

さらに、同四年五月には「掟六カ条」を布告した。そこには、

① 人倫の道を尽して禁制の邪教に迷わざること、
② 鰥寡《かんか》孤独《こどく》（注・男やもめ）そのほか身体に傷害のある者は保護し、また役人不行届の事あれば、罷免することもあるので、はばかることなく申し出るべきこと、
③ 一般に男は二〇、女は一七までに結婚し、子は大切に保養し、難渋な者は保護の道を講ずるので、訴え出るべきこと、
④ 殺人・火付け・窃盗などの大罪は厳重に処置し、その他は軽重にしたがい夫役を申しつけること、
⑤ 農は国の第一なので、商・工のうえに立つべきこと、

⑥　御上の沙汰でも悪しきことは改めるので申し出るべきこと、

とある。

さらに同月の「さとし文」においては、復古、御一新の由来を説き、皇威、皇道の宣撫につとめている。

新政府、政体書を発する——「箱館府」と改称

先に少し触れたように、実は新政府中央では、閏四月二一日、政体書を発して、各地の裁判所を「府」または「県」に改編することとした。

これに基づき、箱館裁判所も二四日に「箱館府」に改称され、清水谷公考は「知府事（知事）」に任命された。

しかし、なんとこの日、公考は赴任途上で、ちょうど江差に到着したばかりだったのだ。公考らの一行は、閏四月二六日になって、ようやく箱館に到着していた。

翌二七日、五稜郭に入って旧奉行所で元箱館奉行・杉浦兵庫頭（誠）から平穏裡に引き継ぎを終えたことは、前述したとおりである。

したがって、これが実際に現地に適用されるのは、七月か八月にズレ込んだ。しかも、さらにわかりずらいことに、それ以降も「箱館裁判所」の表現を併用していたのだ。

それはともかく、これにより、安政四年（一八五七）以降、この地を支配してきた箱館奉行所は、その役目を終えた。このとき、清水谷公考は旧奉行所の役人のうちからも、希望者を募って配下に採用した。

ただ、引き続き留まって新政府に尽そうという者は、余りいなかったようだ。

一方、箱館の警備は幕府以来、仙台、秋田、盛岡、弘前、松前の各藩が少数の兵を駐屯させていた。

しかし、奥羽の形勢がしだいに不穏になって来ると、仙台藩兵がまず退去し、盛岡藩兵も陣屋を焼き払って去った。続いてその他の諸藩の藩兵たちも、自藩の多事を名目に引き揚げ、松前藩兵を残すだけとなった（詳しい内容は後述する）。

新政府中央に援軍派遣を要請してもが埒《らち》があかない。そのうち、施政の中心になっていた井上石見が箱館丸に乗って根室に航し、その帰途に海上で遭難し行方不明となる事態が起きている。

組織改廃施行日にズレ

中央の発令と現地の実態の間に、現代では考えられないほどの大幅な時間的ズレを生じている。

箱館裁判所・箱館府・箱館県及び開拓使関係表

（年月日）	（法令上の行政機関）	（箱館での実態）
明治元年		
四月一二日	箱館裁判所設置	
閏四月二四日	箱館府と改称	
五月　一日		箱館裁判所設置
七月一七日		箱館府と改称
明治二年		
七月　八日	開拓使設置	

七月一七日　　三府以外の府を県とする
七月二四日　　箱館府廃止　　　　　　箱館県と改称？
　　　　　　　　　　　　　　　　　　（箱館県裁判所）
八月二五日
九月三〇日　　開拓使出張所開設　　　開拓使出張所開設
　　　　　　　　　　　　　　　　　　（箱館県裁判所を引き継ぐ）

注・「箱館府廃止」と「箱館県設置の有無」の関係については、二説がある。

　A説（『新北海道史』の立場）…「箱館県」はなかったとする。

　　明治二年七月二四日の箱館府廃止令に着目、「箱館裁判所・箱館府」は地方行政機関であるのに対し、「開拓使」は国家機関であり、根本的違いがある点を考慮。

　B説（『函館市史』の立場）…「箱館県はあった」とする。

　　明治二年七月一七日の布告で「箱館府」は廃止され「箱館県」になった。開拓使一行がやって来るまでは「箱館県」として機能、多くの文書残す。明治二年九月三〇日まで「箱館県」が存在。

組織内容・分課を定める

職務内容と分課などを布達

次いで、箱館裁判所の職務内容とその分課を定め、主要担当係官名とともに布達した。杉浦誠の日記には、四月二九日の項にその内容が掲載されている。ただし、この職掌は五月七日に改正されているので、改正後のものを次に掲げる。

（分　課）	（主任官名）	（職　掌）
民政方	井上石見	公事、訴訟、刑獄、寺社、病院、作事、勧農、拓地等の事
文武方	堀真五郎	文武、講習、器械、製造、防火、捕逮の事
物産方	山東一郎	産物財本の基礎を立て、商法、運送等の諸務
外国方	小野淳輔	諸藩交際、外国船出入、運上等の諸務
勘定方	巌　玄溟	金穀出入、賦税、秩禄、諸倉稟《りん》
監察方	長谷部卓爾	内外の得失を論じ、諸司監察の作法を正し、総て弾劾の事
執達方	吉田復太郎	諸藩並びに士民応接、使命伝達の事

なお、五月七日、携帯する提灯《ちょうちん》の印で職位がわかる「提灯定」も出された。これによると、総督は「惣白で朱菊紋三つの騎馬張り提灯」、判事は「惣白で朱菊紋三つと下に黒で自分紋ひとつの騎馬張り提灯」、司事・参事・従事・給事は「惣白で黒菊紋三つと下に自分紋一つの騎馬張り提灯」、総督近習は「惣白で黒総督紋三つの騎馬張り提灯」、無等以下は「惣白で裁判所ノ三文字入りの長弓張、小田原原両提灯」を用いる規則で、無等以下が用いる提灯以外は、自分調達だった（前掲「箱館裁判所例規」）。

職制については、総督から権判事までの上級職は京都で任命され、新政府の地方行政官として明確に位置づけられていた。

以上のように、箱館裁判所（のちに「箱館府」と改称）の組織は、民政・文武・物産・外国・勘定・監察・執達の七掛とされ、上級幹部には井上石見・堀真五郎・山東一郎らが任命されていた。

ただし、監察方および執達方には、判事・権判事は就任していない。また、旧箱館奉行所時代に、「調役」が在住していた地方の要地には、それぞれ吏員を派遣することとした。

さらに、樺太は日露雑居の地で、両国の紛争が絶えず、外交・軍事上きわめて重要な地域であるため、権判事の岡本監輔を樺太掛に命じて、樺太全島一切の政務を委任するとともに、一〇余人の吏員と農工民二〇〇余人を従えて、外国船で赴任させた（明治元年六月）。監輔は、樺太の久春古丹に「公議所」を置き、島内の施政に着手している。

判事、権判事は内国事務局の判事、権判事として任命され、箱館在勤も同時に命じられるという形をとっていたが、閏四月二四日に箱館裁判所総督が箱館府の知府事と改称されたとき、判事、権判事も判府事、権判府事と改称され、箱館府直属の職員となった。

なお、実質的な政務担当者である属僚の職名は、裁判所開庁前は、判事の下に判事試補、病院懸等の職務別の懸り、筆生、加勢、学校助教、付属などの職名が付けられている史料もみられるが、総称としては「裁判所付属」と呼ばれていたようだ。

裁判所開庁の際、判事、権判事以下の職名を、「司事、参事、従事、給事、趨事、無等（のち行事、属事と改称）」の六等と定めている。

職名の対照表及び給料

司事席　　以前の組頭・同格　　…　月俸　四〇〇円～二〇〇円

参事席　以前の調役・同並・同出役・同並出役　…　同　三〇〇円〜一〇〇円
従事席　以前の定役元締・同格　…　同　二〇〇円〜七五円
給事席　以前の定役・同格・同出役　…　同　一二〇円〜六〇円
趨事席　以前の同心組頭・同格・同心　…　同　七〇円〜三〇円
無等　以前の足軽

ちなみに、旧箱館奉行所の役人は、ほとんどの者は裁判所官員として留任したが、組頭以上の上層部の役人は、ことごとく帰京して任官しなかったといわれる。

後日の機構改革

この体制は、翌明治二年三月まで続いた。しかし、前年一〇月に榎本武揚ら旧幕府脱走軍に追われて青森へ逃れた後は、名目だけのものとなっていた。

そこで、箱館府は旧幕府軍から蝦夷島全島を奪回する体制が整った同二年三月三〇日、奪回後の施政刷新のため、機構改革を実施した。

この改革は、その趣意書にもあるように、明治元年閏四月の政体書体制の具現化を目指したもので、中央機構にならって、府を上下二局に分け、上局を評議決定権を持つ議事局とし、下局を実際に施政に携わる施事局とした。さらに施事局を庶務、外国、会計、刑法の四局に分け、それぞれの職掌を分掌し文武学校、病院、生産は議事局直轄とした。

上局には知事、判事、御用掛、書記が置かれ、下局には一等〜四等の弁官、一等〜三等までの訳官と給仕、玄関番、門番、使丁を置いた（のち弁官補助職として弁官助勤を置く）。

箱館裁判所の開庁直後、松前藩の若手グループ（尊王攘夷派のいわゆる「正議隊」グループ）が公考を訪れ、同藩の刷新を訴えたという記録が残る。

また、蝦夷地警備には、松前藩のほか弘前・備後福山・越前大野の各藩の藩兵が派遣されるようになってきたという状況も生まれた。

「箱館府」への改称を告示

慶応四年七月一七日、清水谷公考は遅ればせながら、箱館裁判所を「箱館府」に改称した旨を、管内に告示した。

しかし、その後も箱館府と箱館裁判所の名前が、しばらく混用された（移行時期が不明確）。

また、八月一〇日にも、裁判所を「箱館府」と改称した旨を、蝦夷地に布達している。

注・七月一七日以降も、「裁判所」という名称はひんぱんに用いられている。つまり、箱館府では、「裁判所」という組織が廃止されたとは、まったく考えていなかったようだ。

辞令交付のため「裁判所」へ出頭するよう指令を出しながら、「箱館府」と記載した辞令を交付したりしているほどなのだ（『函館市史』）。

「つまり、『箱館裁判所』という名称の中に、行政機関と行政庁の二面性を認め、閏四月二四日の総督の名称変更を、行政機関としての『箱館裁判所』は『箱館府』に改称され、行政庁としての『裁判所』はそのまま存続したとの認識に立っていたということができる」（『函館市史』）。

第五章　苦難に満ちた箱館府政の船出

井上石見の建言とガルトネル

清水谷公考の補佐役として民政に当っていた井上石見は、かねて器械（機械）を用いて開拓を行なうべきだと建言していた。

慶応四年五月一三日頃、井上は、プロシア商人R・ガルトネルと会見した。

この頃のガルトネルは、一時的にプロシア副領事代理もつとめていて多忙だったが、井上は、彼とは立場は異なるにしても省力的な機械を活用し、蝦夷地を開拓しょうという考え方は、自分と極めて近い、と感じたようだ。

そこで、地方引渡演説書でこれまでの経緯を調べ、ガルトネルの計画を知ると、自分の理想を実現するにはこの方法がよいと判断、清水谷総督の同意も得たのではないかと思われる。

結局、ガルトネルを箱館府雇として採用し、彼が七重村に計画している農場に農場経営者として雇うことにしたようだ。丸山國雄『日独交通資料第一輯―北海道七重村開墾條約締結始末―』（財団法人日独文化協会）によると、

「(井上石見は) ついにゲルトナー (ガルトネル) を一年四千弗で雇傭し、七重村輯《しゅう》方に於て開墾事業に従事せしめた」

とある。七月頃から、七重村御薬草園の周辺から、開墾が始まったという。

その後、七重付近の開墾は急速に進んだが、箱館府の民政方、外国方、勘定方などの役人たちは、ガルトネルの熱心な行動に翻弄《ほんろう》されたようである (ただし、井上石見は前述したように、のちに箱館丸で根室へ向かい、帰途の九月、遭難して行方不明になった)。

五稜郭襲撃事件が発生

五稜郭は、箱館奉行所から新政府の箱館裁判所 (のち箱館府と改称) に円満に引き渡された。

しかし、慶応四年七月頃には、五稜郭の新しい支配者を潔《いさぎよ》しとしない勢力が、少数ながら現れてきた。その中心となったリーダーの名は、伊賀衆の家系の「平山金十郎」であった。

『函館区史』、『七飯町史』などには、わずかながらこの件が、ほぼ同じ内容で記録されているが、『新撰北海道史』（昭和一二年発行）の内容からすると、事件が発生したのは、慶応四年七月五日のことであった。

「旧幕府以来の在留士民仲、多少とも不平の徒輩は相計って擾乱《じょうらん》を起さんとし、在住平山金十郎、仙台の浪士花輪五郎等主謀となり、同志を糾合して、七月五日五稜郭を襲撃せんと策動した。然しそれは既に早く内通者によって之を政庁に密告さる、及び、府兵之を逮捕して、事を未然に防遏《ぼうあつ》することが出来たが、流言は更に流言を生んで、民心の不安は容易に止まらなかった」

すなわち、五稜郭を急襲して清水谷政権を倒そうという〝五稜郭クーデター事件〟が起きたのだ。

事件はからくも未遂に終わったが、この顛末をさらに『函館区史』（明治四四年発行）で見てみると、

「（花輪）五郎は捕らえられ、金十郎は逃走し、五郎が、連判状を引き裂き証拠を湮滅《いんめっ》せるによりて事なきを得たり」「清水谷府知事を奪ひ事を挙げんとせし」となっている。

首謀者たちは七重村付近の住民

五稜郭クーデター事件の計画に加わった者は、多くが七重村（箱館近在。のち七重村と飯田村が合併して「七飯村」となり亀田郡七飯町に至る。）や、その周辺に定住していた。

姓名がわかるのは、次の七人である。

平山金十郎　（伊賀衆の家系。江戸生まれ会津育ち。幕臣平山家を継ぐ。在住）…逃亡。のち旧幕府軍に参加。同軍降伏後も逃亡。峠下に戻る。

花輪五郎　南部（盛岡藩）の人…逮捕。

渡辺元長　八王子千人隊出身。医師　…裏切って密告。

馬場政照　八王子千人隊出身。逮捕後旧幕府軍に参加。同軍降伏後は謹慎・釈放。

保坂順隆　八王子千人隊出身。

荒木　某　組頭。居所不明…逮捕。

飯田　某　（五稜郭牢屋番）…五〜六人を故意に逃し入牢。

この七人に共通しているのは、箱館に近い七重村ないしその周辺に定住していたことだ。

襲撃事件は未遂に終わり、花輪五郎は自刃した。

馬場政照と平山金十郎は、潜伏したのち、榎本武揚らの旧幕府軍が蝦夷地に到着すると、これに入隊して箱館戦争に従軍した。

その後、馬場は同軍降伏と同時に捕縛されて謹慎し、のち釈放される。一方の平山は、潜伏逃亡したのち、明治の世に峠下へ戻り、この地に骨を埋めるのだ。

襲撃側の組織の全貌については、花輪が逮捕寸前に連判状を破り棄ててしまったとあるから、明らかにはならなかったらしい。

ただ、名前を連ねていた同調者はまだまだいたようだ。

七重、水無、藤山、峠下の住民たちに対しては、事件後も疑惑の目が光り、箱館府兵による捜査が続けられた。平山、花輪が逃走した際には、全蝦夷地で懸賞金まで出して捜査したという。

平山金十郎自身は、このとき峠下村、観音山の裏手、切石沢に穴蔵を作って隠れていた。その間も、地元住民たちは、こっそりと食糧を届け、金十郎は生き続けたらしい。

疑惑の目は、秋山幸太郎が率いる八王子千人隊全体にもかかり、馬場八百蔵の息子は入牢を申し付けられたという。

いずれにせよ、この事件の発生は、人心の動揺に拍車をかけることとなった。

八王子千人隊との関わり

「八王子千人隊」は、徳川政権の誕生後、今の東京都下（八王子市）に本拠を置き、江戸城の西の守りになった。ここには一、〇〇〇人からの同心がいて、直参として将軍家に尽くし、文武両道に優れた半士半農の武士たちである。

八王子近在の村々からは新選組の近藤勇や土方歳三を輩出しており、千人隊や近在農民の気風は、江戸の武士たちよりも武士らしさが漂っていた。

江戸後期、八王子千人隊の一部が蝦夷地へ渡ったのだが、彼らは対ロシア防衛と蝦夷地開拓を目的とし、初め勇払《ゆうふつ》（苫小牧市）と白糠《しらぬか》（釧路方面）に移住しており、七重村ほかには、安政五年（一八五八）頃から移住していた。

平山金十郎や八王子千人隊は、時を同じくして七重一円に移り住んでいるが、その経過は必ずしも明らかではない。

しかし、いずれにしても、五稜郭襲撃事件は、〝八王子千人魂〟とは無縁ではあるまい。

平山金十郎を匿った七重農民

この事件の首謀者・平山金十郎の家系などについて、もう少し掘り下げてみたい。どうやら、〝蝦夷地をロシアから守る〟という伊賀衆平山家の精神は、「平山行蔵」という人物に始まり、三代にわたるものだったようだ。

二代、三代と養子が続いたが、渡道した二代目平山鋭次郎、鋭次郎の弟子で三代目平山金十郎へと、精神は確実に引き継がれていった。

五稜郭襲撃の計画が同志の内通で挫折すると、金十郎は峠下へ逃走する。そして、前述したように山の裏手に穴を掘って身を隠し、地元農民に密かに食糧を運んでもらい、なんとか生き延びた。

その後、榎本武揚の率いる旧幕府軍が鷲ノ木に上陸すると、彼らに合流して戦い、ついには敗北した。金十郎はその後、闇に紛れてアイヌの少年の小舟に乗り、海岸伝いに仙台へ向かったという（青柳武明の『江戸の剣豪平山行蔵』）。

明治三年（一八七〇）、金十郎は仙台から駿河国江尻郡八幡村（静岡市清水区）に来て住んでいた平山謙二郎という人を訪ねているという。

謙二郎は旧幕臣で、ペリーが浦賀に来航した時も、のちに箱館港に来た時も、彼が応対しており、ペリーが信頼した日本人としても知られていた。また、彼は、平山行蔵の門弟だったとも従兄弟だったともいわれる（岡田健蔵『函館百珍ト函館史実』には、謙二郎は「幕臣平山行蔵子龍の養子である」としている）。

ロア号・カガノカミ号購入に関与

慶応四年三月（公考への事務引き継ぎの二カ月前）、旧箱館奉行の杉浦誠は、箱館在留の英国商人ブラキストンを仲介に、プロシア商船・ロア号を買い入れる契約を交わしていた。契約金額は八万九、五〇〇両で、うち金二万六、五〇〇両が支払われ、残金は船受け渡し時に支払うというものだった。

五月三〇日、このロア号が箱館港に入港し、箱館府に対して残金支払い・船の引き取りを要求してきた。

汽船ロア号が蝦夷地経営に必要だと考えた箱館府は、買い入れ交渉を継続することを決定。新政府財政当局に対して資金提供を依頼したり、プロシア側と交渉をしたりするため、六月三日、民政担当の判事・井上石見が横浜へ向かった。

しかし、旧幕府勢力との交戦が続いていて、財政基盤も確立していない新政府中央は、資金提供を約束することができなかった。このため、最低一万ドルが必要だ、とするプロシア側との交渉は、進展しなかった。

進退窮まった井上石見は、六月二〇日頃、大久保利通（薩摩藩）に会ったあと、参与の小松帯刀（薩摩藩元家老）の仲介で、英国公使のハリー・パークスを動かし、英国の銀行から二万ドルを借り入れることに成功した。

六月二五日、このうちの一万ドルでロア号の買い入れ交渉がまとまり、残り一万ドルは開拓資金としてロア号とともに箱館へ送られた（注・井上は旧幕府支配期に開発に着手した岩内炭山を引き継ぎ、石炭採掘の費用に充てたいと考えていたようだ）。

その後、ロア号は箱館府附属船となり、「箱館丸」と改名されて生産方に所属した。

そして七月二〇日、仙台藩が退去した白老へ権判事・巌玄溟以下警備隊を運送している

（こののち九月頃、井上石見はこの船で北方海域へ向かったまま、乗組員とともに行方不明になった）。

箱館府は、もう一艘の外国船購入交渉にも関わっていた。

奥羽鎮撫総督指揮下にあった秋田藩が、箱館で英国商人ブラキストンを交渉相手として、米国商船カガノカミ号（のち「陽春」と改称）を買い入れた際に、仲介したのだ。

七月一二日、六万七、五〇〇両のうち二万両が支払われ、船の引き渡しが行なわれた。その際、秋田産の銅やコメなどで分割払いが続けられたが、一〇月に入っても一万七、五〇〇両が未払いのままであった。

当時、奥羽鎮撫総督府は軍資金の確保に苦慮していたので、箱館府へこの船の購入代金（不足分）の立て替え払いを要請して来た。

このため、箱館府はブラキストンの支払い要求の矢面に立たされ、窮地に陥った。

そこで、奥羽鎮撫総督府に善処方を要求せざるを得なかったが、ちょうどその頃、後述するように旧幕府軍が蝦夷地に来襲してきたので、清水谷公考らはこの船で青森へ避難し、交渉は中断となった。

翌明治二年、秋田藩が残額を支払って、ようやくこの問題に終止符が打たれた。

箱館府の「要《かなめ》」・井上石見の遭難

井上石見は箱館丸に乗り、白老へ警備隊を送り届けたのちの慶応四年八月一九日、択捉島を出航した。九月七日（「明治」と改元される九月八日の前日）にはシベツ（標津）を出航、九月一四日には釧路を出航している。

しかしその直後、乗員もろとも北方海域で行方不明になってしまった。暴風雨などで遭難死したものと推定される。

この年一〇月下旬には、榎本武揚率いる旧幕府軍が鷲ノ木に上陸してくるので、清水谷公考が率いる箱館府政権としては、貴重な参謀役を失い、府政推進上、手痛い打撃を蒙ったのだった。

蝦夷地のコメ確保問題のてん末

蝦夷地は、コメなどの日常生活物資のほとんどを本州に依存していた。これらの物資、なかでもコメの確保は、為政者の責務でもあった。

しかし慶応四年の年は、出荷地の政情不安を反映して全く入荷が途絶え、諸物価も日増しに高騰《こうとう》していった。

箱館府は弘前・盛岡両藩に廻米を依頼したが、奥羽越列藩同盟の扱いを巡り揺れ動いていた両藩は、回米の確約を渋った。

そうした中、たまたま箱館に滞在していた加賀藩の藩士に、二万石ほどの廻米の周旋を依頼したところ、何とか尽力したいとの回答を得た。このため箱館府は、二人の使者（従事席として会計方をつとめていた元阿波蜂須賀藩士の後藤是輔、江原長一）を金沢へ派遣した。

その結果、商人貯え米一、五〇〇石の廻米を周旋する約束を得たが、藩米の回送は断られた。そこで、京都出張中の井上石見を通じて太政官へ協力を依頼すべく、京都へのぼったが、井上はすでに箱館へ帰った後だった。

やむをえず、使者たちは直接太政官に嘆願したが、井上が出頭しないことを理由に断られてしまった。使者たちは再度太政官へ嘆願したところ、八月二〇日、ようやく太政官から加賀藩へ協力するよう、申し渡しがなされた。

おかげで大坂滞在中の三沢揆一郎（井上石見の代理で出張中の箱館府司事。八月一八日外国権判事となる）が九月四日、五、〇〇〇俵のコメを加賀藩から受け取ることができた（ただし、箱館へ回送できたかどうかは不明である）。

一方、金沢商人の貯え米の一部は、九月一五日、加賀藩の駿相丸で伏木港（富山県）から積み出され、一〇月一五日には箱館府の米蔵に納められた。

しかし、代金も未払いのうちに、鷲ノ木に上陸した旧幕府軍の襲撃を受け、清水谷公考以下は慌ただしく青森方面へ逃れる。

この加賀米は、旧幕府軍の糧米として用いられたようだが、詳細は不明である。

以上のように、箱館府は、廻米対策に有効な手を打つことができずに終始している。

箱館府の役人に対する人びとの目線

箱館府役人を迎えた箱館の人びとの中には、同府の施政に対し、懐疑的ないし冷ややかな目を向ける者もいたらしい。

『峠下ヨリ戦争之記』（函館市中央図書館所蔵）という記録がある。峠下（七飯町峠下）に定住していた八王子千人隊の山本登長《やまもとのりなが》という人物が書き残したものだ。

当時、箱館府は八王子千人隊を箱館府兵として徴用していたのだが、山本も、「時の奉行杉浦兵庫頭殿より知府事殿（清水谷公考）へ引き継ぎに相成り、心ならずも附属となる」と、新政府側の政権へ身を置いたことによる複雑な心境を吐露《とろ》している。

しかし、箱館戦争が開戦となると、千人隊も「箱館府兵としての参戦」を余儀なくされていく。

このため、この記録は新政府側兵士としての立場で記してはいるものの、旧幕府軍を思いやる文面も見える。

またその一方で、京都から来た箱館府の役人たちに対する感情を、次のように綴《つづ》っている。

「京都の付役、下々は申すに及ばず、独身の若者共多く、日に随《したがい》ておごりに長じ、遊里に通ひ、又はかこいもの或は妾《めかけ》、手かけをもうけ、近習小姓侍迄夫々に愛妻を置、挙げ句のはてには親指へも、一三、四なる女子をば十二ひとえに着飾らせお進め申上げ、銘々も表向にて女房を持、朝出勤は四ツ（一〇時）を過、夕退散は七ツ（四時）限り、市在の噂口々に、貧乏ものの嫁入りにて長持は迚《とて》も有まひ」

すなわち、箱館府の役人たちにはおごりが長じたと見ている。「親指」とは、清水谷公考府知事のことを指すと思われる。また、先に触れた五稜郭襲撃事件については、

「花輪五郎、平山金十郎等、脱走に付き、千人組一同へ御疑い相かかり…一同心配大方ならず」

としている。

この事件の発生は、人心の動揺に拍車をかけた。そこで箱館府は、取りあえず箱館警備の「府兵」を組織することとし、旧幕府以来の「在住」を中心とした在住隊、近在の百姓の子弟などを構成員とした親兵隊の二小隊をつくった。

盛岡藩が大砲の砲身を破壊して退去した弁天台場には、旧幕府以来の水主・足軽を砲兵として配備し、砲身の修理も行なった。

さらに、奥羽の政情に不安を感じていた箱館府は、新政府中央に対して警備兵の派遣を要請した。

新政府中央も旧幕府軍の動きには強い警戒心を抱き、彼らが蝦夷地行きを志向していることを知り、箱館への派兵を決定した。

注・ただ、この決定に従い越前大野藩や弘前藩が派遣した兵士たちが、実際に箱館へ到着したのは、なんと旧幕府脱走軍が鷲ノ木上陸した日の前日（一〇月一九日）から当日（二〇日）にかけてであった。遅きに失した感は否めず、以降、箱館の町は、箱館戦争の激しい波に翻《ほん》弄《ろう》されることになる。

奥羽鎮撫副総督からの要請

中央情勢はしだいに不穏になり、奥羽地方の形勢が変化するにつれて、旧幕府軍北上のうわさが広まって来た。加えて奥羽産のコメの移入も途絶して物価が高騰、人心はいっそう不安さを増した。

一方、旧箱館奉行所との引き継ぎ以前に、杉浦奉行が幕府中央の財政事情を慮《おもんぱか》り、三月中に相当の資金を送金済みであったから、残額はほとんどなかった。このため、清水谷公考ら箱館府首脳は鎮撫に大わらわとなり、「府兵」を編成してこれに備えた。

そうした中、慶応四年五月二六日、秋田で孤立していた奥羽鎮撫副総督・沢為量《さわためかず》の使者が箱館へ入港してきた。彼らの窮状を訴えて、箱館府に対し軍資金と弾薬等の支援を求めて来たのだった。

そこで、公考らは急きょ評定を開いて支援に応じることを決め、具体策について検討した。

その結果、なんとか華陽丸及び金三、〇〇〇両、ハトロン（薬莢《やっきょう》用の丈夫な紙。火薬包）一万、合薬七貫目、雷管二万七、〇〇〇などを、秋田に送ることができた。公考の日記によれば、「有合悉《ことごと》ク相廻」と書かれているから、箱館府自体の警備を考える余裕もなく、これに応じたのだった。

また、このとき、秋田へ送った三、〇〇〇両について、文武方権判事の堀真五郎は、回想録の中で、金庫の中に余裕がなく、清水谷公考総督以下が自らの月俸を割《さ》いてまでして、これに当てたのだと述べている。

さらに、府知事の公考自らが出兵進発の決心で江戸鎮台府の指揮を待ったのだが、これについてはついに決定がなく、計画は実現しなかった。

しかし、もともと苦しい箱館府の財政はいっそう悪化し、破たん寸前に追い込まれてしまった。

このため、主任判事井上石見は、蝦夷地経営資金の確保、拡大する戊辰戦争に対する新政府の対応策の聴取、プロシア商船ロア号買い入れ交渉などの重要任務を帯びて、慶応四年六月三日、英国商船で横浜へ向かっている。

弱体だった箱館府の警備体制

先にも少し触れたが、蝦夷地の警備については、新政府から旧幕府時代と同様、秋田・仙台・盛岡・弘前・松前の五藩が精兵の派遣を命じられ、ほぼ同じ警備区域を担当することになった。

これらの各藩は、旧幕府奉行所から引き継いだ若干の銃と砲兵以外に手勢を持たない箱館府に代って、蝦夷地の治安維持に当ることとされていたのだ。

しかしながら、

①秋田藩は自国内が戦乱に巻き込まれ、初めから派兵の余裕がなかった。

②仙台藩は白老に陣屋を設け、守備兵を派遣していたが、藩論が奥羽越列藩同盟加盟にまとまると、慶応四年七月一二日の箱館留守居の退去と同時に、白老本陣も引払ってしまう。

③盛岡藩は、最後まで去就を迷っていた藩であった。同藩は箱館に本陣屋を構えており、奥羽諸藩から派遣されて来た中で箱館在勤者が最も多い藩で、箱館府からは弁天岬台場の警備や、五稜郭の門衛も任されていた。

しかし、まもなく本藩が奥羽越列藩同盟に加わることになり、ブラキストンの仲介でその所持する蒸気船オーガスト号（外輪船。米国商船ともいう）を雇い上げて、八月一三日、総員が本国へ引き揚げてしまった。

このとき、箱館南部坂の南部藩陣屋（現ロープウェー駅一帯）から火の手が上がり、七時頃まで燃え続けたという。彼らが火をつけたのかは不明である。また、彼らは弁天台場の大砲を使用不能にしたともいう。

④　弘前藩は、盛岡藩との戦闘に備えるため、八月一四日（一三日ともいう）、藩兵を全員帰国させた。

こうして、奥羽諸藩の警備関係者は、箱館から姿を消したのだった。

⑤　一方で松前藩も、〝正議隊によるクーデター〟と呼ばれる藩政改革が進行中で、自領の保全が精一杯となっていた。

以上のように、奥羽戦争の余波がいつ蝦夷地を襲うかわからない情況下で、箱館はいっそう不安定な状態となった。

第六章　箱館戦争の開戦

隣藩・弘前藩の苦悩

戊辰戦争が激化するなか、蝦夷地に隣接した弘前藩（藩主・津軽承昭《つぐあきら》）は、難しい選択を迫られる。

先行きの不透明さは、領民にも不安を抱かせた。青森の豪商・瀧屋の伊東善五郎は、混乱して慌《あわ》ただしい世相を評し、「恐怖ノ時勢」と日記に書いている。

なお、この藩の藩主・津軽家は、平素より他藩や公家と特殊な関係を築いていた。すなわち、津軽承昭《つぐあきら》は、熊本藩の一〇代藩主・細川斉護《なりもり》の四男に生まれ、第一一代弘前藩主・津軽順承《ゆきつぐ》の婿養子として津軽家入りした人物であった。

したがって、いうまでもなく熊本藩とは近しい関係にあった。その一方で京都の有力公家・近衛家を頼りにしてきており、慶応二年一二月にも、承昭と近衛忠煕《ただひろ》の六女・尹子《ただこ》との婚約が整っていた。

この婚約は、「近衛家―津軽家―細川家の三家を結びつける重要な糸」だったのだ。こうした関係は、のちに津軽家が窮地に陥ると、プラスの効果を発揮することになる。

弘前藩は、戊辰戦争に対して、はじめは諸情勢を静観し、積極的には戦闘に参加しない方針をとっていた。

しかし、慶応四年（一八六八）五月、奥羽越列藩同盟が結成されると、一一日、列藩同盟に加盟し、奥羽越の他藩とともに会津藩擁護の立場に立った。

折から、新政府軍の奥羽鎮撫府副総督・沢為量《ためかず》は、「蝦夷地渡海のため、弘前藩領内を通過したい」と弘前藩へ申し送った。このとき沢は、既に新政府に近い立場をとる秋田藩の領内まで来ていた。

この件を巡って弘前藩の藩論は二分し、まさに日替わりで変転した。

その後、新政府軍の弘前藩領内の通行が延引されたため、問題は収束したが、弘前藩に対する新政府軍・沢為量らの疑念を強める結果となった。

慶応四年七月五日、弘前藩京都留守居役・西舘平馬が、急きょ、弘前へ戻った。

西舘は、津軽家の宗家とされる関白近衛家の忠熙《ただひろ》・忠房《ただふさ》父子から託された「勤王に励むように」旨の令書と、岩倉具視の書状を携えていた。

要は、弘前藩が「朝敵」と見られかねない行動は慎むよう、警告するための帰藩であった。

これらの令書・書状と西舘がもたらした情報が「決め手」となり、弘前藩はようやく事態が緊迫していることを悟り、「新政府に従う（錦の御旗のもとで戦う）」意志を固めたのだった。

七月八日、同藩は奥羽越列藩同盟を「脱退」した。

ちなみに、前日の七日には秋田藩が同盟を脱退しており、亀田・本荘・矢島と現在の秋田県内の各藩が続き、新庄藩（山形県）も同調。奥羽の北辺に新政府軍の橋頭保《きょうとうほ》が出現した。

弘前藩は新政府から庄内藩征討への参加を命じられ、館山善左衛門・田中小四郎・和嶋安左衛門・成田求馬らに兵を預け、急ぎ秋田藩兵と合流させた。

一刻も早く、新政府に勤王の態度を認めてもらわねばならなかったからだ。

庄内戦争は四月から続いており、激戦を極めていた。一時は庄内・仙台・盛岡各藩を主体とする列藩同盟側が横手城を攻略し、秋田領へ進入する機会を窺《うかが》うなど、優位に立った。

弘前藩は矢島奪回戦で一〇人戦死、一一人負傷という犠牲を出した。

しかし、八月末には佐賀藩士・田村勘左衛門ら援軍五〇〇人が到着し、補給路も確保され、新政府軍は圧倒的な火器力を生かして、戦況を逆転させた。

奥羽越列藩同盟が崩壊

明治元年九月三日、仙台青葉城内で開かれた奥羽越列藩同盟の軍議に出席した旧幕府海軍副奉行・榎本武揚は、諸藩の奮起を促した。

しかし、この頃、米沢藩は密かに新政府と降伏条件を協議しており、一二日には仙台藩も、藩主隣席の会議で降伏を決議した。また、仙台東照宮の別当・仙岳院を御座所にしていた同盟の盟主・輪王寺宮《りんのうじのみや》公現《こうげん》法親王《ほっしんのう》（のちの北白川宮）も、二〇日、謝罪の使者を発した。

こうして奥羽越列藩同盟は崩壊に向かった。流れは止まらず、二二日には会津藩が降伏、二六日には庄内藩が降伏した。

このため、榎本の率いる旧幕府軍艦隊は、一〇月一二日、石巻折浜を出航して、蝦夷地へ向け北上している。

余談だが、この前後、弘前藩はある事件を引き起こしている。

九月二二日、弘前藩が木村繁四郎ら六小隊に命じて、隣藩・盛岡藩の重要拠点の野辺地《のへじ》馬門《まかど》口を襲撃させたのだ。

しかし、作戦のまずさから盛岡藩に待ち伏せされ、身を隠す場所もない平地で銃撃されて、一八〇人中四九人が戦死した（「野辺地戦争」）。

実は盛岡藩は、この戦いの前に降伏の意思を示し、秋田藩に仲介を依頼していたので、この戦争はほとんど無意味に思える。しかし、弘前藩にとっては、新政府軍・総督府に対する信頼の回復・忠誠心を示す最後の機会だったのだ。

結局、この戦闘は「両藩の私闘」という形で決着し、それ以上の処分はなかった。


一方、この頃、新政府中央と清水谷公考の箱館府政権の間では、緊迫した情勢を感じさせるような文書のやりとりを、頻繁に行なっている。

例えば、九月一一日には軍務官副知事・大村益次郎（長州藩）から箱館府権判事・堀真五郎に対して、

①　旧幕府軍艦八艘が脱走し、仙台に向かったこと、
②　軍務官より箱館府へ兵を差し向けるため洋艦を雇い上げたこと、
③　秋田方面にも武器・弾薬を差し向ける手配をしたこと、
④　近日中に会津若松城も落城するだろうし、世の中の平定も近い、

などという情報を伝達。九月一七日にも新政府首脳・岩倉具視が箱館府知事・清水谷公考に対し、奥羽地方の戦況を伝える一方、国のために尽くすよう激励する書簡を送っている（『清水谷文書』）。

旧幕府軍、鷲ノ木に上陸

江戸城開城（慶応四年四月一一日）後も混乱する中央情勢の中、榎本武揚の率いる旧幕府軍艦隊は、「明治」と改元後の一〇月二〇日、ついに蝦夷地に到達。噴火湾の森町付近、鷲ノ木《わしのき》への上陸を開始した。

上陸後は、先ず、遊撃隊長・人見勝太郎に清水谷公考・箱館府知事宛ての嘆願書を託し、伝習隊本多幸七郎ら三〇人をつけて先発させた。

一方の箱館府側にとって、困ったことに、清水谷府知事の参謀役で箱館府の実務的な責任者といってよい存在だった井上石見が、これ以前の九月頃、北方海域で行方不明となっていた。

箱館府は、いわば名参謀役を無くしたうえ、蝦夷地は奥羽地方などの戦乱で物資の移入も途絶えがちとなり、住民は不安におののいていた。

新政府傘下諸藩兵の箱館到着と軍議

諸藩兵の箱館到着

一方、この年の一〇月二〇日は、箱館府にとっても重要な一日となった。

清水谷公考は午後二時から外国関係者に対し、旧幕府脱走軍艦隊が入港して来た場合の処置（「見掛次第直様打払候筈に候」）について伝えていた。

また、前日の一九日には、箱館府の要請を受けた弘前藩の第四小隊がオーガスト号で箱館港に到着。その日のうちに二小隊が谷地頭《やちがしら》と尻沢辺の警備についた（注・残り二小隊は津軽陣屋に入った）。

さらに、野田大蔵（豁通《ひろみち》）（熊本藩士。のちの青森県大惨事・陸軍大将）が率いる備後福山藩の約七〇〇人と越前大野藩約一七〇人が、それぞれ箱館港に到着して来た。

翌二一日は一日中、御用伝馬船五〇艘、人夫三〇〇人で両船から軍用御品の陸揚げが行なわれた。

こうして、箱館府兵一〇〇人と松前藩兵若干（有川の一小隊）のみだった箱館守備兵は、やや増強されたのだった。

新政府側も予め現地兵力増強を計画

これより先の九月七日、新政府は箱館へ兵隊を送る計画を立て、奥羽征討軍の九条道孝、久我通久へ箱館派遣部隊の総督の人選を依頼し、翌八日には、次のとおり諸藩へ秋田、箱館及び東京への派兵を命じていた。

秋田へ派兵を命じられた藩…長門萩藩　五〇〇人　周防徳山藩　二〇〇人
豊前小倉藩　三五〇人　出雲松江藩　三〇〇人
東京へ派兵を命じられた藩…筑後久留米藩　五〇〇人　安芸広島藩　五〇〇人
箱館へ派兵を命じられた藩…備後福山藩　五〇〇人　越前大野藩　二〇〇人

伊予宇和島藩　五〇〇人

注・ただし、何らかの理由で宇和島藩兵は派遣されなかった。備後福山、越前大野各藩兵はこの命令で来た兵隊だった。

軍事参謀試補・野田大蔵が本陣に宿を定めたところで、鷲ノ木在住・荒井信五郎からの次のような書簡を持って、箱館府権判事・堀真五郎が本陣を訪れた。

「徳川海軍、開陽（橋船十五）、回天（橋船十五）、蟠龍（橋船五）、神速（橋船三）、長鯨（橋船十五）、大江（橋船十）、回春（橋船五）、鳳凰（橋船五）

右船の内一艘当村へ懸り、夜五つ半時頃鷲木村会所より三十人程上陸致し、明朝六百人程上陸致し候に付き、湯、宿手配致し申すべき旨申出候、薪五百敷用立致すべく趣に候

十月二十日　　鷲木村　　荒井信五郎」

このため、野田大蔵、堀真五郎、長谷部卓爾、十時三郎、上村熊次郎らで急きょ、軍議を行なった。

その結果、箱館府権判事・堀真五郎が指揮を執ることになり、備後福山・越前大野・松前・津軽の藩兵及び箱館府兵は、急きょ峠下（七飯町）、大野（大野町）、川汲峠（函館市と南茅部町の境）の守備に向かった。

峠下で最初の激戦ぼっ発—箱館戦争始まる

先に触れたように、明治元年一〇月二〇日、鷲ノ木で上陸を開始した旧幕府軍は、遊撃隊長・人見勝太郎に清水谷公考・箱館府知事宛ての嘆願書を託し、伝習隊本多幸七郎ら三〇人をつけて先発させた。

彼らは、現在の国道五号（大沼国道）を辿って宿場町・峠下（七飯町）で宿営した。

翌日には、大鳥圭介が伝習隊らを率い、人見勝太郎らのあとを追って大沼から峠下へ向かった。また、土方歳三は陸軍隊、額兵隊らを率いて噴火湾沿いに尾札部《おさつべ》村（函館市）、川汲《かっくみ》峠から湯川へ向かった。

一方、箱館府兵、松前藩・弘前藩兵三〇〇人余は、二二日午後一〇時頃、藤城（現在の大沼国道と国道五号バイパスの分岐点付近）に集結し、峠下へ向かった。

彼らが、峠下の集落内でかがり火を焚いていた敵の見張りを発見したのは、日付が変わろうとする深夜だった。

在住隊士（箱館府兵）山本登長の手記（『峠下ヨリ戦争之記』）によると、「申し合わせの通り、合図の大砲を打出す」。

新政府側の弘前藩兵らが、夜営中の旧幕府軍に対し、北側の山からいきなり夜襲をかけた。「箱館戦争」の始まりである。

しかし、人見隊は巧みに移動しながら側面攻撃をし、そこに大鳥圭介軍の先遣隊が駆け付け激戦となった。

銃撃戦は夜を徹して続いたが、新政府側は敗れて城山及び七重村（ともに七飯町）に退いた。一方の旧幕府軍は峠下で隊を二手に分け、大鳥らは大野村（北斗市）へ向かった。

二三日は城山で交戦、二四日は大野、有川（北斗市）、七重（七飯町）などで激戦が行なわれた。

人見勝太郎らの率いる軍は七重の銃撃戦では苦戦したが、白兵戦を挑み、箱館府側の部隊を破った。また、土方歳三らの隊は川汲峠を守っていた箱館府兵を敗走させ、湯川に入った。

新政府軍は敗退を続けた。敗因の一つは、新政府軍の銃の性能が、旧幕府軍のそれにははるかに劣っていたことがあった。

また歴戦の兵士ばかりの旧幕府軍とは、いくさの駆け引きのうえでも雲泥《うんでい》の差があった。

注・峠下には今も新政府軍戦死者の五基の墓が並び、墓域に「戊辰役勃発之地」と刻まれた石碑が置かれている。

七重村での抑撃に失敗した堀真五郎・箱館府権判事は、一〇月二四日、日没とともに全軍を箱館へ引き揚げさせた。

この日、川汲峠での敗報も受け取った清水谷公考らの箱館府首脳は、この日夜に会議を開き、「勝ち目はない」と早々に結論を出した。

第七章　清水谷公考、箱館を脱出

箱館を脱出、青森へ逃れる

この間、五稜郭にあって戦況を見ていた清水谷公考は、一時青森への退却を決意した。そこで、その旨を箱館駐在の各国領事に告げたうえで、一〇月二四日夜、五稜郭を出て箱館へ移った。

翌二五日未明には、側近らとともに「カガノカミ号」（のち「陽春」と改名）に乗船して、箱館港を脱出した。

船はその日の夕刻、青森港へ入港した。逃げ遅れた越前大野、備後福山、弘前の各藩兵はプロシア船「タイバンヨー号」（英国船ともいう）を雇い、二五日夕刻に出帆。翌二六日昼頃には、青森港に着いた。この日、堀真五郎が公考の命を奉じて上京している。

それでも乗り切れなかった四五人は、和船を使って逃げたという。

ただ、清水谷公考は箱館を離れる際、残地諜者の集団である「遊軍隊」を残して退避していた。

のちに彼らは、青森に集結した新政府軍の蝦夷地反攻とともに、ゲリラ活動を行なって旧幕府軍を撹乱《かくらん》し悩ませるのだ。

なお、前記『清水谷文書』によると、一〇月二八日、軍務官・大村益次郎から清水谷府知事に宛てて、

①　明治天皇はご機嫌もよく東京に着いた。奥羽も平定に立ち至るだろう。

②　賊軍箱館襲来の急報に驚愕《きょうがく》している。直ちに衆議の結果、援軍の派遣を急ぎ、甲鉄艦などで敵の艦船を撃破せしめ、海陸で攻めれば、必ずや大勝できよう。今しばらくの我慢だ。

③　箱館府の固守に尽力されるよう、東京の新政府一同が願っている。

旨の書簡が出され、一一月二日にも大村益次郎から清水谷公考宛てに、

「援軍の用意ができ、備前兵四〇〇人、久留米兵二〇〇人、伊州（津藩）兵一中隊を海路で差し向ける。引き続き、軍艦の手配もしていくので、奮闘してほしい」

旨の書簡を送っているが、すっかり後手に回った感がある。

一一月三日には、奥羽監察使・藤川能登（高松藩）が「清水谷殿御内・参謀衆中」に宛てて、

「先月二一日旧幕府軍が箱館へ上陸し、青森へ転陣された由。沢為量も大いに心配している。大山格之助（綱良。薩摩藩）も援兵の手配をしている。小生も庄内口の久我通久《みちひさ》（公家・東北遊撃軍将）に援兵を頼んでいる」

と書き送っている（『清水谷公考文書』）。

旧幕府軍、五稜郭を占拠

一〇月二六日、旧幕府軍は無人の五稜郭に入り占拠した。無血開城であった。同日、箱館港には回天・蟠龍《ばんりゅう》の二艦が入港し、箱館港及び箱館の町を制圧した。

その直後、旧幕府軍は市中や運上所詰の役人らに対し、触書を出した。その中でも触れているが、老練な永井玄蕃《ながいげんば》（尚志《なおゆき》）を箱館奉行に据え、施政に当たることとした。

一一月一日、旧幕府軍艦船の旗艦・開陽も入港し、祝砲二一発を轟《とどろ》かせた。

旧幕府軍、松前城を攻撃

一方、旧幕府軍は一〇月二八日、土方歳三ら八〇〇人が松前（福山）へ出発。一一月一日、松前藩兵が知内で彼らに夜襲をかけ、戦闘が開始された。

その後の五日早朝、旧幕府軍は松前城へ迫った。

一五日には軍艦・開陽が江差を占拠したのだが、その夜の激しい風波のため、あっけなく座礁・沈没してしまった。救援に駆け付けた神速までが荒波に呑まれている。

同じ一五日、松岡四郎次郎らの旧幕府軍は、松前藩兵が立て籠《こ》もる館城《たてじょう》（檜山郡厚沢部町）を、白兵戦のうえ陥落させた。

このため、一一月一九日、松前藩主松前徳広《のりひろ》は熊石から側近とともに船で津軽へ退避することになる（同月二九日、徳広は弘前の薬王院で病没）。

蝦夷島政権の成立

旧幕府軍は、各国領事の在留する箱館を避け、鷲ノ木に上陸した後、隠密裡に箱館在留の各国領事に対して、声明書（一〇月二〇日付）を届けていた。

密偵・小芝長之助らによって届けられた声明書は、フランス語で書かれていた。この中で、旧幕府軍は、外国人に対する配慮を約束するとともに、局外中立の継続、交戦団体として待遇されることを要望、対外戦略を重視した姿勢を打ち出している。

明治元年一二月一五日、旧幕府軍の蝦夷島平定を祝う百一発の祝砲が弁天台場と箱館港の各艦から轟《とどろ》いた。

また、新政権を樹立するために五稜郭において、この日以降、士官以上による入れ札（選挙）が実施された。

その結果、次の顔ぶれによる蝦夷島政権が樹立されている。

総裁　　榎本釜次郎（武揚）

副総裁　　　松平　太郎
陸軍奉行　　大鳥　圭介
陸軍奉行並兼箱館市中取締裁判局頭取　　土方　歳三
海軍奉行　　荒井郁之助
箱館奉行　　永井　玄蕃（尚志）
箱館奉行並　中島三郎助
江差奉行　　松岡四郎次郎
江差奉行並　小杉雅之進
松前奉行　　人見勝太郎
開拓奉行　　沢太郎左衛門
会計奉行　　榎本対馬、川村録四郎
海陸軍裁判所頭取　　竹中春山
ほか軍艦頭甲賀源吉、歩兵頭本多幸七郎・古屋作左衛門、箱館病院頭取高松凌雲

蝦夷島政権、ガルトネルに広大な土地貸付けを認める

ガルトネル兄弟動く――「蝦夷地七重村開墾条約書」を締結

箱館戦争の推移をじっと見守っていたガルトネル兄弟は、まもなく榎本武揚が率いる新政権（旧幕府軍）に対して行動を起こした。

明治元年一一月九日、P・ガルトネルは、新政権の箱館奉行・永井玄蕃に対して書簡を送り、七重村付近の開墾に関連して、

① 政権が交代しても、開墾は重要であり、実施すべきだ。

② 私は助言を怠らない。その方策を話し合いたいし、だれか担当者を任命してほしい。

などと進言した。要は青森へ逃れている箱館府政権との契約について述べ、引き継き新政権下でも開墾を続けたいので、早く担当者を決めてほしい、というのだ。

この話に永井は応じ、以降、彼と詳細な話し合いをしたり、現地を視察したりしている。

その結果は、翌明治二年二月一九日に、八カ条三九項目からなる「蝦夷地七重村開墾条約書」となって結実した（この条約書原本は、北海道庁が北海道大学に寄託し、同大学附属図書

館北方資料室で公開されている)。

この条約書は英国・ドイツ・日本の三カ国語で書かれていて、英文を双方の証拠としたようだ。また、和文の末尾に、「蝦夷島総裁の命令を奉じて」、箱館奉行・永井玄蕃と箱館奉行並・中島三郎助が連署押印し、R・ガルトネルが署名、ドイツ北部連邦領事C・ガルトネルが副署、最後に「逐一覧候」とあり蝦夷島総裁・榎本釜次郎(武揚)が花押し、その横に北蝦夷島総裁印(朱印)が押されている。

その内容には、日本側の有志・農夫らを選び三カ年間、西洋式農業法を教えるなどのことが書かれているが、今も特に注目されるのは、第二条の規定である。

そこには、R・ガルトネルは七重や近傍の土地「三〇〇万坪(約一、〇〇〇ヘクタール)」を、蝦夷島政府から「九九カ年間」借り受けるとあるのだ。実に思い切った、異例な約束と言わざるを得ない。

条約締結の謎

農場の開拓に必要な費用は、すべてR・ガルトネルが負担すると明記はされている。

しかし、この貸付けを認めた蝦夷島政権側の顔ぶれは、かつてオランダに留学していた総裁の榎本武揚をはじめ、元外国奉行・軍艦奉行をつとめた永井玄蕃、元浦賀奉行所与力でペリー艦隊が来航したとき、真っ先にペリー艦隊の旗艦「サスケハナ号」へ乗り込んだという中島三郎助など、当時としては最も外国事情などに精通していたはずの人ばかりである。

その彼らが、なぜこのような約束をしたのか――実に謎めいている。このような条約を結べば、プロシア以外の他国への影響も出て来ることは、当然、予測できたであろう。

したがって、今回の条約書の裏には、何か旧幕府軍とガルトネル側の間に、「秘密の約束」が絡んでいたのではないか――例えば、榎本らが政権経営のための資金や、旧幕府軍の軍用資金などに困っていたことははっきりしているので、プロシアなりガルトネル側が軍用資金を献金したり、または軍事的支援を約束したりしていたのではないか――などと、つい憶測したくもなる。

証拠は何もないが、プロシア以外への国々への影響などを考えると、非常な疑問を感じてしまう。

注・約三、〇〇〇人ともいわれる兵士や艦船を保有する蝦夷島政権は、日々の出費や戦争準備のために、膨大な資金を必要としていた。

この意外過ぎる条約書ないし契約の締結は、蝦夷島政権崩壊―開拓使設置ののちに、大きな問題として浮上することになるのだ。

第八章　青森で時機を待つ

青森方面での清水谷一行

明治元年一一月一日、清水谷公考は浪岡村（青森県の旧浪岡町。青森県西部にあり、青森市と弘前市の中間に位置する。現在は青森市と合併している）に移り、玄徳寺に宿した。

このとき、人員は箱館府の役人及び随者八五人、箱館府兵三〇人、弘前藩兵一個中隊だった。

注・浪岡茶屋町の浄土真宗寺院・玄徳寺の門前には、「戊辰戦乱　清水谷卿御転陣之地」という石碑が建っている（昭和一七年前田喜一郎建立）。

公考は、何より箱館を死守できなかったことを恥じていた。

一一月一六日には、黒石（黒石市。南津軽にあり十和田八幡平国立公園の入り口。江戸期には弘前藩の支藩として黒石陣屋が置かれた）に転じ、陣を構えた。随臣の一部は、この地の来迎寺を宿泊所としたようだ。

この頃、公考は新政府に「待罪書」を提出し、軍事本営たる青森を避けて、その措置を伺いつつ謹慎していた。

同じく旧幕府軍と戦った二五歳の松前藩主・松前徳広の場合は、いっそう悲惨だった。松前城、館城は、新政府の圧倒的な軍勢に攻め込まれて落城し、江差も敵側の手に落ちた。やむなく一一月一九日、船で蝦夷地を脱出したが、真冬の荒天のため二日間沈没の危機に見舞われながら、二一日にようやくにして平館（青森県）に到着した。

この間、二歳の鋭子姫が船中で亡くなり、徳広もまもなく弘前で病死した（自刃説がある）。

徳広の妹邦子姫（徳広の養父・松前崇広の娘）はまだ五歳だったが、当時同じ船に乗っていた。

歴史の巡りあわせで、邦子は後年、清水谷公考と結婚することになるのだ。二人が結婚した年は定かではないが、公考が亡くなった年に、邦子はまだ一八〜一九歳であった。

青森口総督に就任、反撃体制を強化

明治元年一二月一〇日、新政府は清水谷公考に対し、箱館府知事在任のまま、軍務官の

「青森口総督」に任命し、箱館奪回を命じた。その直前の一一月末には、既に山田市之丞（顕義。長州藩）や、伊勢（三重県）の津藩、備州（広島県）の福山藩の藩兵らも続々と青森に到着していた（『清水谷日記』）。

一二月一四日、公考は黒石から青森へ移り、柿崎忠兵衛宅を仮営とした。のちさらに常光寺を本陣として、箱館討伐の準備に入るのだ。

ちなみに、『清水谷日記』には、一二月二二日の箇所に、

「総督府、青森常光寺に転陣　長州兵二小隊、津軽（弘前）兵二小隊が途（道）を守る」

と記されている。

また、同日記には、この頃から翌二年初めにかけて多くの記録が残されている。公考の新政府軍・青森口総督としての実質的な指揮ぶり、関わり方、雰囲気などをナマで知ることに繋がると思うので、ここで一部を抜き出して紹介しておく。

「明治二年　一月　六日　医師福田純一　営門の通印を失う。よって謹慎を命ずる

一六日　岩渕彦吉、願いにより監軍を免ずる

一八日　賊の間諜《かんちょう》（注・間者、回し者、スパイの意）市太郎に斬罪梟首《きょうしゅ》を

申し付ける旨の高札を出す（梟首は三日）

一九日　清水谷総督が油川巡邏《じゅんら》。伊州兵（津藩）一小隊、在住隊一小隊、途（道）を守る

二五日　清水谷総督、諸兵隊の調練《ちょうれん》を石神原に見るとき、備前兵が野辺地《のへじ》にある故に除く

明け方四時、砲発にて支度《したく》。同五時、号砲にて本営前各藩持ち場を固める。同六時号砲にて進発

注・この日、清水谷公考は青森口総督として、多数の兵を閲兵《えっぺい》している。

二六日　二五日の石神原調練の諸兵隊に酒をもって労を慰す

二月　二日　総督本営警衛兵士小沢清太郎、不正のことありて階級一等を落（？）し、謹慎を命ずる

七日　青森口総督の印を携通行することを定め、諸道の関門にもこれを布告。清水谷総督、野内村巡邏。筑後兵一中隊がこれを守る

一三日　新兵隊石山序之助謹慎。営門通印不締たる故である

二〇日　松前敦千代《あっちよ》（注・松前藩主松前徳広の後継。元藩主崇広《たかひろ》の実子。後

の兼広・修広）、本営に来る

二八日　松前中将、今般箱館松前を回復の戦に付、格別の御上意をもって小銃二〇〇挺下賜する旨の達し（二月　軍務官印）

山岡源左衛門、願いにより監軍を命ずる。弘前藩佐々木伊三郎、屯集所取締を命ずる

三月一一日　薩摩兵、水戸兵がオオサカ号（船）に乗って来た

一三日　山田市之允《いちのじょう》（顕義《あきよし》）、旅宿に現われる。父病死したため（一五日山田市之允、忌より免）

一七日　夕方四時三〇分、当青森港一里の外に賊艦・蟠竜来る。縦横して同六時に去る。山田市之允、岸良彦七、命を奉じて東京へ赴く

二一日　清水谷総督、浅虫村を巡邏

二三日　宮古港より増田虎之助（佐賀）暁、南部遠江守領地鮫浦に蒸気船三艘来る

二六日　清水谷総督、高田村を巡邏。鋼鉄（甲鉄）、春日、丁卯《ていぼう》、陽春

艦、豊安、飛竜、宸風丸《じんぷう》、夕方四時より後先遂苦戦…ため、慰軍労酒肴下され…達するものなり　明治二年三月総督花押
飛竜丸、豊安丸、宸風丸、去る二五日宮古港辺において賊艦襲来のため戦争…慰軍労酒肴下され…この段船中へ達するものなり

注・三月二五日（前日）、後述する宮古湾海戦が起きている。

四月
晦日《みそか》　山田市之允、岸良彦七、オオサカ号にて東京から帰る
一日　参謀黒田了介（清隆）、東京より来る
二日　石井寅之助、有地志津磨、命を奉じてプロイス（プロシア）船で東京へ赴く
五日　先鋒長州兵三〇〇人、津軽（弘前）兵三〇〇人、福山兵三〇〇人、松前兵四〇〇人、大野兵一〇〇人、徳山兵一〇〇人
五日朝六時より諸兵隊乗船、一〇時限り。ただし一〇時を過ぎ乗船しない者は先鋒から除かれる
昼二時出航し、夜二時乙部村江差　天明一同揚陸直様各受け口

に向かうべきこと
松前口
松前藩兵二〇〇人、長州兵一〇〇人、福山兵一〇〇人、津軽兵一〇〇人、大野兵一〇〇人、
厚沢部口
長州兵一〇〇人、松前兵二〇〇人、福山兵一〇〇人、津軽兵一〇〇人
輜重《しじゅう》要護兼熊石道探索兵
福山兵一〇〇人、津軽兵一〇〇人、
予備兵
長州兵一〇〇人、徳山兵一〇〇人、砲兵六門（四門は長州兵、二門は福山兵）…

注・翌六日、新政府軍は江差北方の乙部に向かうため、青森港を出航している（九日乙部に上陸）。

などの詳細な記述例（注・原文のカタカナはヒラガナに直した）がある。

清水谷公考は、権判事・堀真五郎を上京させ、新政府首脳に対して征討軍の応援派遣を要請した。

新政府は、前述したように公考を青森口総督に任命したのだが、これに先立ち明治元年一一月二六日、山田市之丞（顕義。長州藩）・太田黒亥和太《おおたぐろいわた》（惟信《これのぶ》。熊本藩）を参謀に任命、長州・肥州・備後・福山・宇和島・大野・秋田・松前の諸藩兵を漸次、青森に集結させた。

ただ、松前藩があっけなく敗北した経過や、海軍力が整備されていなかったこともあり、箱館征討は、翌年（明治二年＝一八六九）の雪明けを待って、開始することに決まった。

脆弱《ぜいじゃく》な海軍力に悩んでいた新政府軍だったが、その後、局外中立の撤廃布告により米国から最新鋭艦ストーンウォール号（「甲鉄」）が引き渡され、海軍の核もできた。

ハーマン号沈没事件起きる

清水谷公考をトップとした青森口の新政府軍は、「明治二年春の箱館征討開始」を想定し、戦いの準備を進めていた。

しかし、その矢先の明治二年一月三日夜、彼らの出鼻を挫《くじ》くような衝撃的な事件──「ハーマン号沈没事件」が起きた。

先に触れたように、弘前藩主・津軽承昭は、熊本藩主・細川家から津軽家に婿養子入りした人物だった。

実兄の熊本藩主・細川韶邦《よしくに》は、箱館戦争を控え、苦しい立場に置かれていた弟・津軽承昭の要請に応えて援軍を派遣することにした。そこで一月二日、江戸藩邸にいた寺尾九郎左衛門を筆頭に、熊本藩兵一大隊三五〇人を横浜で借りた米国蒸気外輪船「ハーマン号」に乗せて、高輪を出航させた。

しかし、この船が翌三日未明、房総半島の勝浦沖（千葉県）で暴風雨に遭い、座礁・沈没してしまったのだ。このため乗組員たちは荒波の中に投げ出され、熊本藩士二〇五人、米国人乗組員二二人が犠牲となった。

注・千葉県勝浦市の官軍塚には、ハーマン号事件の犠牲となった熊本藩兵たちが祀られている。

もともと熊本藩は、開国派の横井小楠《しょうなん》や尊攘志士の宮部鼎蔵《ていぞう》らの優れた人材を輩出したが、その内実は一枚岩ではなかった。保守派の藩上層部が、政局をよく読み切れないまま推移してきていた。

そうした中、弘前藩の援軍要請に応えることは、同時に、新政府に対して自藩の態度を明確にするという意味もあったように思われる。

注・この事件発生にもめげず、熊本藩は三月二五日頃、藩兵一五四人を青森に派遣した。

翌二月、新政府軍は増田虎之助（佐賀藩）を海軍参謀に任じて、体制をさらに強化した。また同月二五日、清水谷公考は総督として六、三四六人（弘前藩記録。総督府発表では二、六九〇人）を閲兵《えっぺい》している。

三月九日には新政府軍の甲鉄・陽春・春日・丁卯・飛龍の八艦が品川を出帆、二一日までに宮古湾（岩手県）に入った。

宮古湾襲撃

三月二五日には、突然、宮古湾海戦が起きた。

旧幕府軍が、回天一艦のみで宮古湾（岩手県）に碇泊中の新政府軍軍艦・甲鉄を急襲したものだが、新政府軍側の必死の防戦により、目的を遂げないまま退散している。

この海戦で、旧幕府軍側は、回天艦長甲賀源吾ら四九人の死傷者を出し、奇襲は失敗に終わった（新政府側死傷者は二〇余人）。

なお、この作戦は、旧幕府軍に従軍していたフランス軍人が立案したといわれる。

また、三月三〇日には、黒田清隆（了介）が青森口総督府の参謀（陸軍参謀）に任命されている。

第九章　旧幕府軍の降伏

新政府軍、乙部へ上陸し攻勢へ

明治二年四月九日、青森口総督・清水谷公考の命により、新政府軍は江差に近い乙部《おとべ》(乙部町)から上陸して、旧幕府軍への反撃を開始した。

山田顕義が指揮する新政府軍は、抑撃した旧幕府軍を退け、三方向(①江差〜松前、②上ノ国〜木古内、③厚沢部川に沿う現在の国道二二七号の道筋)へ次々と進撃した。

以下、途中の詳細については省略するが、山場となった五月一一日の箱館総攻撃について述べる。

新政府軍は、五月一一日午前三時を期して、五稜郭・箱館総攻撃を仕掛けることに決定した。

その作戦は、陸軍本隊は三方向から五稜郭を包囲し、海軍は箱館港と大森浜側から箱館を挟撃《きょうげき》、奇襲部隊が箱館山の裏手から上陸し、一気に箱館を奪回する、という三面作戦(黒田清隆の立案)であった。

陸軍本隊のうち、赤川村へ進んだ岡山、福山各藩の藩兵らは、赤川村に胸壁を築いて布陣した旧幕府軍に攻撃され、苦戦したが、昼頃には赤川を抜き、四稜郭、神山方面へ迫った。

四稜郭では、旧幕府軍の松岡四郎次郎を主将に守っていたが、神山村の東照大権現の台場が新政府軍・長門萩藩の隊に攻撃されると、退路を遮断されるのを恐れて、五稜郭へ退却した。まもなく権現台場も陥落した。

一方、中央口を桔梗野《ききょうの》台場へ向かった長門、松前、弘前の各藩兵は、昼前にようやくこれを落とし、亀田へ出て海岸道の隊に合流した。

海岸道を七重浜から亀田新道台場へ向かった弘前などの藩兵は、最も早く午前三時頃には戦闘に入ったが、台場からの砲撃で前進を止められた。

さらに、箱館港内で援護砲撃を行なっていた新政府軍軍艦・朝陽が轟沈《ごうちん》されると、旧幕府軍の前に、一時は退却を余儀なくされた。

しかし、弾薬不足、陸軍隊長・春日左衛門らの戦死で旧幕府軍の攻撃が停滞。丁卯《ていぼう》からの側面攻撃が開始されると一進一退が続き、新政府軍は七重浜へ、旧幕府軍は五稜郭へと退却した。

新政府軍の海軍は、甲鉄以下の艦船が明け方、陸軍とともに行動を開始した。

まず、陽春は箱館を挟撃すべく大森浜へ向かい、甲鉄と春日は陸軍の奇襲上陸作戦の援助と弁天岬台場（弁天台場）砲撃のために、奇襲部隊を乗せた豊安、飛龍とともに弁天岬台場沖へ向かった。

朝陽と丁卯は、亀田新道へ向かった陸軍の援助のため、七重浜沖へ向かった。

迎え撃つ旧幕府軍は、この日までに、千代田形は弁天岬台場沖で座礁し（漂流後、新政府軍が捕獲）、回天は五月七日の海戦（この日、蟠龍《ばんりゅう》は機関故障で回天のみが応戦）で機関を破壊され沖ノ口付近の浅瀬で浮き台場となり、軍艦では故障修理を終えた蟠龍ただ一艦となっていた。

旧幕府海軍が全滅

午前三時頃、新政府軍の朝陽、丁卯が七重浜沖から陸軍援護の砲撃を開始し、戦端が開かれた。朝陽と蟠龍の砲撃戦は熾烈《しれつ》をきわめた。

午前八時頃、旧幕府軍蟠龍の砲手・永倉伊佐吉の放った一弾が、朝陽の火薬庫に命中、一瞬にして朝陽は沈没した。

多くの乗組員が艦と運命をともにしたが、観戦中の英国軍艦ペール号からいち早くボートが下ろされ、重傷の艦長・中牟田倉之助をはじめ多くの乗組員が救助された。

甲鉄と春日は弁天岬台場への攻撃を一時停止して、蟠龍へ矛先を転じ、さらに朝陽乗組員の救助を終えた丁卯も、蟠龍攻撃を開始した。

この頃、遅れて青森を出航した延年も到着、朝陽撃沈で意気があがる蟠龍も追われて港内へ退き、遂に弁天岬台場脇の浅瀬に乗り上げて、砲弾を撃ち尽くした。船将・松岡盤吉以下は、ボートで弁天岬台場へ退去した。

浮台場となって奮戦していた回天も、新政府奇襲部隊が箱館を占拠するに及んで、背後からも銃撃され、さらに大森浜へ廻った陽春からも砲撃を受けた。このため回天は、大砲を陸側へ移動して応戦したが、ついに退却と決し、荒井郁之助以下は上陸して五稜郭へ退いた。

ここに旧幕府軍の海軍は全滅し、回天、蟠龍の両艦には火が放たれた。この火は、七日間も燃え続けたという（『箱館軍記』、『函館市史』史料２）。

新政府軍、戦いの山場を制する

箱館奇襲作戦を担う新政府軍部隊は、一〇日夜、豊安（箱館攻撃部隊乗り組み）と飛龍（弁天岬台場攻撃部隊乗り組み）に分乗、翌朝三時頃富川村沖を出航し、夜明け頃、箱館山の裏手に着いた。

箱館奇襲部隊の久留米、長門、薩摩の諸藩兵は、陸軍参謀・黒田清隆の指揮のもと寒川から上陸し、絶壁をよじ登り山頂を占拠した。

ここからは、後述する遊軍隊が彼らの案内に当たった。

弁天岬台場攻撃部隊の長門、岡山、津、弘前、徳山などの諸藩兵は、山瀬泊から上陸し、弁天岬台場へ向かった。

一方、箱館山に新政府軍が現われたとの報を受けた旧幕府軍側の箱館奉行・永井玄蕃は、弁天岬台場に入り守備を固め、伝習士官隊の瀧川充太郎が新選組・伝習士官隊を率いて箱館山へ向かった。

しかし、箱館山山頂からの攻撃は猛烈で、大森浜の陽春からも側面攻撃されて一本木関門付近まで退き、さらに五稜郭まで後退した。

箱館山からの攻撃で市街地を制圧した新政府軍は、兵を一本木関門にとどめ、五稜郭、千代ヶ岱陣屋と対峙した。土方歳三は箱館を奪回すべく、兵を率いて一本木関門からの進撃を試みたが、土方自身が腹部を撃たれて落馬絶命した。

この報を受けた五稜郭では、松平太郎が諸隊を率いて再度、箱館奪還へ向かい、数度戦ったが、五稜郭へ引き揚げざるを得なかった。

一方、弁天岬台場へ向かった新政府軍の一隊は、甲鉄、春日からの援護砲撃のなか、弁天岬台場を猛攻したが、ついに落とすことができなかった。

しかし、箱館市中は新政府軍側が制圧し、旧幕府軍は五稜郭、弁天岬台場及び千代ヶ岱の津軽陣屋跡に分断されて立て籠《こ》もるだけとなり、失地回復の可能性はなくなった。

この日の戦いは、

「海陸数十ヶ所の戦に、晴日なりしが、火薬の煙空に棚引、天地是が為に朦朧《もうろう》たり」

といわれたほどで、箱館市民に甚大な被害をもたらした。この日の火事は、三日三晩続いたという（以上、主に『函館市史』による）。

遊軍隊の活躍

「遊軍隊」とは、箱館市民による新政府軍側のゲリラ部隊である。彼らの任務は探索活動で、住民の間などに密かに網を広げたスパイ組織だった。

この隊は、明治元年一〇月二五日、箱館府知事・清水谷公考の要請を受け、箱館府軍事局詰の村山次郎（播州）が徴募編成したとされる。

その後、榎本武揚率いる旧幕府軍の蝦夷地襲撃を迎え、清水谷以下の箱館府の役人や同府兵たちは青森方面へ逃れる。このとき、遊軍隊長の村山次郎も本州方面へ逃れ、藤井民部（京都出立以来、清水谷公考に近侍していた人物）が後任の隊長となった。

以降は、この藤井を中心として、箱館八幡宮宮司・菊地重賢、斎藤順三郎ら元箱館府役人、神官、医師、農民、商人ら多数の隊士でこの隊が編成された。

隊員数は、はじめは五〇人ほどであったが、のちには一二〇人近くになった。彼らは、身分を偽って新政府軍へ入隊し、内部攪乱《ないぶかくらん》と情報集めに奔走した。

その他、五稜郭を乗っ取った旧幕府軍の看護兵、器械方の中にも紛れて潜伏。中には旧幕府軍守備兵となって弁天岬砲台の大砲の発火口に釘を打ち込んだり、新政府の箱館山奇襲部隊の道案内役を務めたり、水道を切断したりもした。

箱館八幡宮に残された「賞賜禄」では、「一一三人と一団体」だったと記している。

なお、旧幕府軍側の記録では、この遊軍隊の面々は「返り忠の者」の枠に入れられているという。

ここで『函館市史』を引用すると、

「この時、箱館で新政府軍の諜報活動などを務めていた『遊軍隊』、当時の隊長は、京都出立以来、清水谷公考に近侍していた藤井民部が、箱館山薬師堂でこの奇襲部隊を迎え、山道の案内にあたった。遊軍隊は箱館八幡宮宮司菊地重賢ほか多数の市民が参加した（同八幡宮に残された『賞典禄』では、一一三人と一団体）。ゲリラ部隊ともいえる組織で、脱走軍の市中掛の下役や弁天岬台場の隊士として潜入した者もいた」

また、『はこだて人物誌』などによると、文政八年（一八二五）箱館生まれの豪商で町年寄の小林重吉《じゅうきち》は、日高三石場所の請負人として活躍していた人だが、箱館戦争のとき、旧幕府軍が箱館港内に敷設した鋼索を、自分の所有する船を使って排除。さらには箱館山裏の寒川から新政府軍を誘導して奇襲を成功させ、新政府軍勝利の一端を担ったといわれる。

このことで、重吉はのちのちまで新政府の信用を得ていたという。

五稜郭開城、旧幕府軍降伏

明治二年五月一八日、旧幕府軍はついに新政府軍に降伏し、五稜郭は開城となった。同日、旧幕府軍の兵士三〇〇人、負傷者五〇人、歩兵六五〇人、計一、〇〇〇余人が捕虜となり、薩摩兵以下に護衛されて箱館に送られた。彼らは各寺院に収容され、負傷者は治療を受けた。

五月二一日、室蘭駐屯の旧幕府軍三〇〇余人も降伏し、八カ月にわたる間、蝦夷地を干《かん》戈《か》の巷《ちまた》に巻き込んだこの戦争も、ここに集結をみた。

なお、この戦争に参戦した新政府軍の従軍人数等についてだが、参加出兵府藩一六、兵士八、〇一四人、軍艦一〇艘、死者二八六人、負傷者四八四人と言われる。

一方、旧幕府軍側については、参加数三、二〇〇人余、死者は三六九人（一説では五五〇人余）といわれる。

箱館に凱旋

新政府軍の青森口総督・清水谷公考は、明治二年五月一一日の五稜郭の総攻撃にあたり、江差を発して湯ノ岱（上ノ国町）に進み、一四日頃には七重、赤川、神山にわたる戦線を巡視して士気を鼓舞《こぶ》した。

また、五稜郭開城翌日の五月一九日には、新政府軍本営を箱館に移し、海軍に命じて平定祝賀の号砲を発射させた。碇泊中の英国、米国の軍艦もこれに応祝した。

公考以下、箱館府の役人も再び箱館に戻り凱旋したが、町では歓呼の嵐に迎えられた。同日、箱館府としては、運上所を裁判所代として諸事を取り計らうことを布達した。同時に、南貞助名で各国領事へも、その旨を通知した。

なお、五月二〇日、大村益次郎（軍務官副知事）、桜井慎平（軍務官判事）より清水谷総督宛てに、

「（新政府軍の箱館入りに関し）フランス公使コンシュールより外国官に願い出があり、兵

士達に箱館商館または天主堂などに粗暴のふるまいがあり、後日煩わしいことになるので、兵士達に厳しく取締まるように」

旨の至急の書簡が出されている。

ガルトネルへの土地貸付けを継続

旧幕府軍が降伏し、運上所を仮事務所として政務を再開した明治二年五月一九日から、のちに箱館府が廃止されることになった同年七月二四日までの間は、約二カ月しかない。

このごく短い期間に、清水谷政権は、榎本武揚をトップとする前政権（蝦夷島政権）がR・ガルトネルと結んだ七重の土地の貸付けの約定内容（三三〇万坪＝約一、〇〇〇ヘクタール）を九九カ年貸し付け）を、どう処理したであろうか…。

結論を先にいうと、驚いたことに、細かい点はさておき、これを事実上、「継続」することを認めたのである。

この処理は、のちに開拓使の時代が来ると、新政府内の大きな問題となって浮上することになるのだ。

明治二年六月五日の日付で、「南貞助《みなみていすけ》」という人物の花押のある『地所貸渡条約書』と図面が保存されている。

この書類が綴られている簿書の表紙には、朱で「永久保存」と書かれている。これは、旧幕府軍の箱館奉行永井玄蕃とR・ガルトネルとの間の契約の追認だった。

R・ガルトネルと蝦夷島総裁榎本釜次郎間で調印された「蝦夷島七重村開墾条約」の処理がどう扱われたか。

箱館戦争の戦火の収まって、わずか二〇日後の六月九日に、R・ガルトネルは、「七重に取開候手本畑に付、是迄予払置候入費、並に政府より払立に可相成候勘定書」（独文）を箱館府へ提出し、開墾続行への意志を強く表明した。

この勘定書は、主として慶応四年五月一二日（箱館裁判所始動後）から明治二年六月までの一四カ月間に、R・ガルトネルが支出した一一項目から成っている。その合計は洋銀で約八、三〇〇ドル余り、それから農具代を差し引いて、約七、四〇〇ドルを負担した、としている。

それからわずか一週間後の六月一六日、『地所開拓の為蝦夷政府R・ガルトネル氏の約定』と題した証書に、「R・ガルトネル氏の願に依り、蝦夷地畑地取開んため、北日耳曼《ゲルマン》岡士C・ガルトネル出会、R・ガルトネル氏並に日本政府左の約定を名刺す」という緒言で、八カ条からなる約定と、「蝦夷島開拓人員之掟則」二〇カ条からなる約定、これら二つの約定からなる新たな七重村開墾条約が締結されたとある。

この条約書は、二月の条約書と同様、英、独、和の三カ国語で記され、多分、英文を双方の正本としたのだろう。最後の頁に清水谷公考、南貞助の署名、花押はあるが、R・ガルトネルらの署名はない。

さて、この条約の第一条には、「蝦夷島七重村近隣で、約三〇〇万坪の土地を、ドミニユム・アウキュステンフエルデ（独語。天領畑地、即ち天皇の領地としての畑地）と名付けて、蝦夷政府はガルトネル氏に拓与し、一〇カ年間は無税で開拓させ、その後は保有を許す」と記載されているが、その契約の期限は明記されていない。

第二条以下には、一一カ年目以降の課税条件と、納入期限、訴訟争論は裁判所へ、新政府が入用で土地を取り戻すときは、土地への入費は新政府が支払うことなどが、記載されている。

また、第六条には、「ガルトネル氏、此約定を違背する時は、政府その地所を取返すべし」とあり、この一条は弱い感じはするが、その後の条約解消交渉では、ことの解決を有利に導いただろう。

次に、「蝦夷島開拓人員之掟則」二〇カ条は、第一条～第一九条までは、近隣の農民と同じように、村邑の多くの掟を厳守せよと定めたもので、火の用心、裁判所への諸々の届け出、訴訟など、幕府時代からの五人組の掟の多くが含まれていた。

最後に、第二〇条には、「争論又は難事ありて、裁判所にて訴状不平なく決断す能ざる時は、外国農民は日本に在る其国領事に訴出し、あるいは仲人の談判を経て訴状を決定すべし」

とあった。

おおよそ、以上のような内容である。かつて榎本武揚らの蝦夷島政権がR・ガルトネルと結んだ七重の土地貸付けを、事実上継続するような約定が、驚くほど短期間に当事者間で結ばれている。

それは、前に榎本武揚らと締結した場合よりも、R・ガルトネル側から見れば、比較にならないほど短期間に、迅速かつ容易に成立している。

これには、弟のC・ガルトネルの介在が大きかったことは、十分考えられる。

先に述べたように、この約定には契約期限は明示されていなかったが、いずれにせよ、この約定により七重村の農民は、農地をR・ガルトネルに横取りされた形となり、住民との間で土地境界をめぐる争いが絶えなかった。

箱館府への陳情も再三行われたが、混迷する政情下とあって、省みられることはなかった。

南貞助という人物

この条約の事実上の当事者は、約定文に清水谷公考とともに署名した、箱館府判事心得の「南貞助」という人物だった。

余りよく知られていないこの人物—貞助は、その当時、〝箱館外国事務総長〟あるいは〝箱館奉行〟と呼ばれていたともいわれ、彼には「独断専行」の習癖があったらしい。

南貞助は、弘化四年（一八四七）に長門国（山口県）阿武郡萩平安湖町に生まれた長州藩士だが、生誕地については、「平安湖」という町はなく、「平安古」（土地の人は「ひゃっこ」という）というバス停はあるらしいので、この当たりだろうと推測されている。

貞助の家系を調べてみると、有名な志士・高杉晋作の従兄弟であり義弟でもあることがわかる。

晋作の父小忠太の妹マサが南家に嫁いで、生まれた子が貞助なのだ。小忠太がのちに貞助を養子に迎えたので、晋作にとっては義弟となったようなのだ。当時は高杉百合三郎と名乗った。

元治元年（一八六四）、藩政府打倒のため晋作が挙兵すると、〝谷松助という変名で参戦した。

貞助は慶応元年四月、晋作の身代わりのような形で英国に渡った。このときは、この国の英国陸軍大学に学び、歩騎両課を専攻したらしい。

しかし、学資が不足し同三年には帰国した。当時としては外国通で、その後、明治元年に外国官（外務省の前身）に出仕して権判事となり、外国公使が天皇に謁見する際の斡旋などに関わったようだ。

翌明治二年には、箱館府判事心得となって赴任し、このような不利益な条約を締結してしまったらしい。

第一〇章　戦後処理

新政府軍諸隊の引き揚げ

翌五月二一日、清水谷公考・青森口総督以下が箱館の大森浜へ出向き、新政府軍の戦死者二一八人の慰霊祭が挙行された。

この頃、松前藩も松前・江差に招魂場を設けることとしている。

箱館には御親兵以下、松前藩兵ら六個中隊が警備に当たり、他藩の藩兵たちは漸次、引き揚げていった。

六月一〇日、参軍していた新政府軍の参謀を含む首脳たちは参朝して慰労を賜り、のち九月、論功行賞を受けた。

清水谷公考総督以下一〇三人、及び箱館府兵、各藩、船艦長、士官らの行賞総額は、一二万〇、七二二石、金一万九、三九〇両に及んでいる。

終戦処理に専念

六月一二日、清水谷公考はようやく青森口総督の兼務を解かれ、以降、箱館府知事の政務に専念することになった。

海陸参謀以下も、同じく軍役を罷免となった。

ちなみに前述したとおり、このたびの箱館征討人員は、出兵府藩一六、軍艦一〇艘、兵八、〇一四人が参加、死者二八六人、負傷者四八四人だった。

一方の旧幕府軍の従軍者は三、二〇〇人余で、死者は森町霊鷲院名簿によれば三六九人、神山茂氏の調査では五五〇人に及んでいる。

箱館府知事としての清水谷公考を待ち構えていたのは、戦争の戦後処理の仕事であった。

彼は平定後の民政などに力を注ぐが、戦争を通じて箱館、松前とも市街の過半を焼失し、住民の損失には多大なものがあった。

五月一一日の戦いで生じた火事は、前述したように三日三晩続き、八百余戸が灰燼《かいじん》に帰した。原因が弁天岬台場兵士の放火だったため、のちのち「脱走火事」と呼ばれている。

「この日は箱館戦争の大激戦のあった日で、徳川勢の脱走徒が午前十一時頃弁天町台場見晴所付近の材木置場に放火。当時風が相当強く吹いていたため火勢は盛んとなって拡大し、大黒町・神明町・鍜冶町・鰪澗町・仲町・山の上町・新地町の各町に延焼し、八七二戸を焼失する大火となった。これを俗に「脱走火事」という」

（函館市記録）

また、旧幕府軍が箱館で通用した贋金《にせがね》は、およそ四万両にものぼったので、貨幣流通に混乱をきたしていた。食料不足と物価高騰など庶民の救助にも難題が多く、箱館府はその対策費として一三万両を新政府に嘆願している。

これに関連して、いくら支給されたかはつまびらかではないが、五月以降、焼失した大町、・弁天町・一本木町・大黒町・山ノ上町・有川村などに、手当としてコメ・お金を給与し、怪我人、百姓に対し手当を支給した。

そのほか、生活に困窮する者には免税をし、一〇カ年賦をもってコメ代金の貸付けなどを行なった。

第一一章　開拓使移行・府知事辞任と渡欧

「強力な体制」創設待望論

今回の戦火で苦しんだ住民の間では、「強力な政治力による安定した社会秩序の樹立」が熱望された。

新政府中央でも、この戦争で蝦夷地開拓の必要性が、いっそう認識されるようになった。発言力のある黒田清隆ら政府高官が、戦争参加のため現地生活を体験したこともあり、蝦夷地への関心はより高まったのである。

そこで新政府部内では、この戦争の終結を契機として、現箱館府体制よりも「より強力な開拓推進体制の樹立」への願望が、芽生えてきた。

この動きが、のちの「開拓使設置」の動きへと、繋がっていくのである。

箱館裁判所・箱館府の実質的な施政期間を顧みると、

① 慶応四年五月一日の箱館裁判所開庁から、旧幕府脱走軍の襲来で青森方面へ退避する一〇月二五日までの間と、

② 旧幕府軍が降伏し、運上所を仮事務所として政務を再開した、翌明治二年五月一九
日から、箱館府が廃止された同年七月二四日までの間、
つまり実質的には、前期約六カ月プラス後期約二カ月の「計約八カ月間」、箱館にあって、政務を担当したことになる。

しかしながら、前期は北陸〜奥羽地方一帯が戊辰戦争の主戦場になったため、政情が安定せず、供給物資の途絶による経済活動の低迷で、具体的な施策を遂行する時間的余裕がなかった。

また後期も、ごく短期間であるうえ、その前の約七カ月に及ぶ箱館戦争の「戦後処理」に奔走させられ、混乱から抜け出せないまま、のちの開拓使へ諸務を引き継ぐことになってしまった。

一方、内外多事多難な状態にもかかわらず、役人の数が少なく、新政府の財政逼迫のため幹部が運動しても必要な経費も確保できず、清水谷公考以下、幹部の焦燥《しょうそう》ぶりには目に余るものがあった。その他、慶応四年年七月の五稜郭襲撃事件もあったし、八月には松前藩内の正議隊によるクーデターもあった。

以上のような、住民の不安動揺を鎮めることは、新政府によって火急の課題となった。

参考・「箱館裁判所」から「箱館府」へ移行した時期の曖昧さの解釈

「箱館裁判所」から「箱館府」へ移行した時期と解釈については、混乱がある。この点を、『新北海道史　第三巻通説二』(北海道)を参考に、整理してみる。

① 明治元年四月一二日に、箱館裁判所総督・副総督が任命された点には、とくに異論はない。一般には、この日をもって、箱館裁判所が設置され、同時に任命されたとしている。

ただ、実際には、同裁判所の設置に関する制定法文は今のところ、見つかっていない。

② 明治元年閏四月二四日に、箱館裁判所が「箱館府」と改称され、同時に総督の公考が府知事に任命されたとしている点については、『法令全書』には府知事任命の記録しかない。

これから見ると、人事の決定と、行政庁の設置の時期にまったく疑念がないとはいえない。

③　しかし、このような記載方法は、箱館だけに限られた問題ではなかったようだ。成立間もない新政府の諸々の事情からして、とくに制定または明記されていなくても、設置時期を総督、知事の任命時期と同時期ととらえても、差し支えないだろう。

④　ところで、箱館裁判所設置日を明治元年四月一二日、箱館府設置日を明治元年閏四月二四日として、その後の変遷をたどっていくと、

ア、明治二年七月八日の官制の大改革による開拓使の設置、

イ、明治二年七月一七日の太政官布告により三府（東京・京都・大阪）を除くのほか、諸府を廃して「県」と改称、

ウ、明治二年七月二四日発布の箱館府の廃止令、

エ、明治二年七月二五日再び箱館裁判所の設置、

オ、明治二年九月三〇日、箱館裁判所を開拓使出張所と改称、

などが見られる。そして、これらの行政庁は、史料により設置などの時期がまちまちで、錯綜《さくそう》し輻輳《ふくそう》した論が展開されている。

これらについて、更に考えてみると、

・前記ア、の七月八日の「開拓使設置」をもって、「箱館府が廃止」されたとする見解

・前記イ、の七月一七日の「三府以外の廃府県置」により、「箱館府が廃止」されたという見解
・前記ウ、の七月二四日の「箱館府の廃止令」により、「箱館府が廃止」されたという見解
・前記イ、の見解の発展により、すでに函館府は七月一七日に「県」になっているのだから、当然、前記ウ、の箱館府廃止令は、「箱館県の廃止」令だという見解
・前記エ、とオ、に見られるように、従来の裁判所の継続としてではなく、「新たに箱館裁判所が設置」され、また「廃止」された、とする見解

などの諸見解がある。

これらの見解の輻輳《ふくそう》について、『新北海道史　第三巻通説二』(北海道)では、概ね、「明治二年七月一七日に、三府以外の廃府の令が出されたにもかかわらず、現実には、直ちに置県に至らず、数日間、箱館府として継続されていたと考えられ、それ故、箱館府の廃止は、この明治二年七月二四日となり、さらに箱館に限り、「県」は官制上、設置されなかった、と考えられるのではないか」

としている。

岩倉具視の新しい動き

箱館戦争が開始された直後の明治元年一〇月二一日、新政府首脳の岩倉具視は、一八カ条の建議を提出しているが、その中に蝦夷地の国名などに関した一条が含まれている。この内容は、単に国名についてだけでなく、開拓の必要性、開拓の方法、機構などにも言及しており、岩倉の蝦夷地問題に関する意見を知り得る最初のものである。

一方、まったく別のところからも、蝦夷地開拓の新たな機構の問題について提議されていた。

明治二年二月一二日、外国官から弁事あてに出された上申書だ。

当時、開拓一般の職掌は外国事務総督の管掌下にあり、ただ箱館裁判所総督は蝦夷地に限りその開拓を「兼知」するとか、箱館裁判所総督へ「委任」するとかと示されていた。いわば、「蝦夷地開拓は地方行政庁の本来的職務でなく、中央政府の中の「外国官」などから、その一部を委任されることで遂行するのだ」という形態を官制上、とってきた。

それゆえに、機構上、矛盾を内包していたといえる。

これを指摘し、官制上の改革―外国官からの分離―を求めたのが、前記上申書だった。この上申書も、のちの開拓使設置の礎石となったと考えられる。

次いで、箱館戦争の終わる少し前の明治二年二月二八日、岩倉具視は三件（外交・会計・蝦夷地開拓）について建議書を提出した。

その中で、蝦夷地開拓に関しては、

① 旧幕府が姑息《こそく》で実行しなかったため、ロシア人が蚕食《ざんしょく》をほしいままにしている。

② 新政府は昨年来、開拓の端緒を開きながら、「未タ力ヲ此土地ニ尽シ、志ヲ此事業ニ伸フルコト能《あた》ハス」。

と指摘。今や箱館の賊徒平定近きにあり、この機をもって天下に布令して開拓の事業に勉励すべきだ、と前置きして、

「昨年、諮問して蝦夷地の開拓事業に着手したのだが、どうも実効があがっていないようだ。幸い、箱館を占領した榎本らの旧幕府軍の平定も間近かに迫った。

本格的に蝦夷地開拓に当たるため、人材を選んで選任させるならば、数十年もたたないうちに蝦夷地は富裕の土地となるだろう。そして、そののち「府」もしくは「県」のよう

なものを創設すべきである」

と主張した（岩倉公実記中巻）。

注目すべきは、箱館裁判所・箱館府を中心とした開拓が、戦乱に巻き込まれた点があったとしても、その効の見るべきものがないことを明らかに指摘し、全権を付与した専任者の選定と、そのスタッフの構成を強調している点である。

現在、行政庁として設置されている「府」は将来の問題であり、当面はむしろ、この箱館府を超えた、「より強力な機構の設置」を構想しているとも受け止められる。

新政府内部では、この意見を受けて、箱館戦争中から蝦夷地の統治体制を一新する案が練られ始めていた。

なお、この戦争時に、清水谷公考以下、箱館府の役人が青森へ退避したことが、この検討を加速した可能性もあるのだろう。

ちなみに後年のことだが、柴田錬三郎が著書『異説幕末伝』の中で、「清水谷公考はなぜ、五稜郭に籠って決戦せずに、函館を無血で明け渡したのか。それには、函館駐在の外国領事から、『開港場に於ける戦闘は、国際問題になる』と抗議されて、泪《なみだ》をのんで闘わずして遁走《とんそう》したという。理由は何であれ、清水谷公考が腰抜けであった、ということにはかわりはない」

とまで書いて、痛烈に非難している例もある。

明治二年五月二一日、新政府は上局会議を開き、皇道興隆・知藩事新置・蝦夷地開拓の三件を勅問した。

明治天皇が、午前に行政官・六官・府県の五等官以上らを、午後には非役公卿・諸藩主らを召したのだ。

翌二二日、下局会議を開き、新政府に対し皇道興隆・蝦夷地開拓の二件を勅問。天皇は午前に東京在留諸藩主、午後には上士・諸侯名代重臣などを召した。

このうち蝦夷地開拓については、容易に占拠されてしまうような箱館戦争の苦い経験と、増大するロシアの脅威に対処するため、国土防衛策として重要な課題だ、と認識されたことを示している。

以上三件については、「奉答の日を二四日とする」とされたようだ。

構想の具体化へ―開拓使へ移行

その後、六月四日、議定・中納言・元佐賀藩主の鍋島直正が突如、「蝦夷地開拓督務」の兼務を命じられるという事態が起きた。

ただし、この開拓督務が具体的にどういう職掌を付与されたかについては、明らかではない。

しかし、新政府部内で、蝦夷地開拓問題について適切な「機構」と「人事」を確立すべきだ、という認識が、現実的に具体化したということは確かだろう。

なお、このとき島義勇・桜井慎平・松浦武四郎らが、「開拓御用掛」に任じられている。同六月六日には、会計官判事・島義勇（佐賀藩出身）、軍務官判事・桜井慎平（長州藩出身）・松浦武四郎らが、「蝦夷地開拓御用掛」に任命された。

こうした流れの中で、箱館戦争後に行われた明治二年七月八日の官制改革（「職員令」）により、新しい蝦夷地統括機関として「開拓使」という組織が創設された。

そのうえで、それまで蝦夷地開拓督務という、いわば開拓使の前身ともいうべき職務にあった鍋島直正を、七月一三日、「開拓使長官」（諸省卿と同等）に任命した。

注・このとき、外国事務総督（外国事務局督・外国官知事）が有していた「開拓」に関する職務が抹消され、開拓使という独立した新機関を設置し、かつ「開拓」に関するすべてを総判する役割を与えた。

さらに七月二四日には、「箱館府を廃止」すること、清水谷公考を「開拓使次官」に任命することが、正式に決まった。

清水谷公考、釈明のため急きょ上京

ところが、実に不思議なことに、この箱館府の廃止は、当の箱館府の要人たちには、何ら連絡のないまま、一方的に実施されたようなのだ。

箱館では、だれもこのことを知らされておらず、八月に入ってようやくこの情報がもたらされたという。

この意外な情報を耳にした清水谷公考は、仰天《ぎょうてん》した。彼は箱館赴任以来、そばで箱館府御用掛として実務に携わっていた堀真五郎を連れて、あたふたと上京した。

そして、新政府首脳に対して、箱館府の置かれて来た情況や立場を必死になって説明したようだ。

この頃は公考もかなり思い詰めていて、いったんは、

「開拓の実効をあげられなかったことは陳謝するが、蝦夷地開拓の情熱は少しも失われていない。まさに『いざこれから』というときに、更迭《こうてつ》されるに等しい扱いを受けて、無念さでいっぱいだ」

という主旨を明記した辞表を作成したという。

ちなみに、この辞表の控えと思われるものが、今も東京大学史料編纂所に写しが保管されているようだ。


注・箱館府治下の一年三カ月足らずの間には、榎本武揚らによる蝦夷地の占領期間が七カ月も含まれており、実際に同府が機能できたのは半年ちょっとしかなく、さしたる事績も残さないまま、廃止となってしまった。


しかし、既に決まった路線を変更させるほどの力はなかった。

その後も新政府の方針は変わらず、箱館府が廃止され、「開拓使」が設置された。この

体制下で、清水谷公考は「開拓使次官」となり、引き続き蝦夷地統治の一翼を担うこととなった。

新しくできた開拓使は、他の省庁と同等の国家機関だったから、箱館府知事の公考が開拓使次官に就いたことは、形のうえでは「昇進」なのだろう。

しかし、公考の心境としては、箱館戦争も終わって、まさにこれから、と意気込んでいた矢先のことだけに、「事実上の格下げ」と受け止め、非常に落胆したと思われる。

開拓使次官を辞任

新しく設置された開拓使の初代長官・鍋島長官は、病気のため短期間で辞任し、八月二五日、東久世《ひがしくぜ》通禧《みちとみ》（公家）が二代目開拓長官に就任した。

なお、八月二九日には、元箱館奉行の杉浦誠が開拓使の函館（九月三〇日には箱館は「函館」と改称）担当の開拓判官に任命されている。

注・東久世通禧

天保四年一一月二二日（一八三四年一月一日）～明治四五年（一九一二）一月四日。急進派

の公家。父は正五位下の東久世通徳。文久三年（一八六三）八月一八日の政変で京都を追われ、長州へ下った七卿のひとり。

のち太宰府へ移る。維新後に帰京し、外国事務総督、神奈川府知事などを経て、鍋島直正初代開拓長官の病気辞任後、第二代開拓長官に就任。

その後は侍従長、岩倉遣外使節団に随行、元老院副議長、伯爵、枢密顧問官、貴族院副議長、枢密院副議長などを歴任。


その後、東久世新長官が品川を発ち、現地へ赴任してくる直前の九月九日、清水谷公考は上京し、九月一三日に次官職を辞任した。

このとき、公考はまだ二五歳の若さだった。

公考の辞任の理由は定かではないが、薩長土肥の藩閥政府の実態を感じたか、新政府に見切りをつけたものであろう。

「恐らく、同じ公家出身で手練手管を弄《ろう》する東久世には、ついていけないと悟ったからではないだろうか」

と見る説もある。前述した公家社会の格付けなどの実態を思い起こすと、この説もかなり説得力があるように思う。

また、公考のその後の行動を見ていくと、まだ若い彼がいったん身を引いて学問を修め、自らの教養を高めたうえで人生に再チャレンジしよう、と考えた可能性もあるように思う

なお、公考は箱館戦争の恩賞として、新政府から永世高二五〇石を下賜されたが、返納を願い出た。だが、天皇はそれに及ばずとしている。

もっとも、後述するが、プロシア商人に七重村の土地を貸した件では、始末書をとられている。

東久世新長官が赴任、行動を開始

開拓使の東久世新長官は、九月二七日、旧箱館裁判所（箱館府）へ出向き、役人たちを一度、免職にしたうえ、開拓使職名・月俸表をもって開拓使の職員として任命した。

これらの職員に対しては、一〇月初め、箱館裁判所設置以来の勤務情況、箱館戦争時の行動について調査を実施し、函衛隊隊士を含めると二四五人が、「進退調」を提出させら

れている。

九月二八日、東久世は箱館在留の各国領事と会った。

次いで三〇日には、旧箱館裁判所を「開拓使出張所」と改称、名実ともに開拓使の北海道での活動が開始され、同時に箱館府が所管した地方行政事務も、開拓使の手に委ねられることになった。

太政官、七重村開墾地解約交渉開始を指令

明治二年一一月一九日、外務省は開拓使へ、「七重村とその付近の土地の開墾契約は不都合であるから、契約破棄の方針だ。R・ガルトネルの土地利用方法とその他を調査されたい」と通知した。

七重付近の土地問題は、こうして表面化した。

そこで、開拓使の岩村通俊開拓判官らがガルトネル兄弟とこの問題で会見したが、到底妥協できないことが明らかになった。

同月末、外務省は太政官弁官に対して、「七重村開墾契約は国際法違反であるから、破約

の談判をするよう開拓使へ指令されたい」と申し出る。

一二月二六日、外務省は太政官弁官に対し、「開拓使に賠償金およそ五万ドル以下で取り戻すべく談判を始めるよう命令されたい」旨の伺いを立てた。

そこで、太政官は二七日、重大な決意をもって、外務省と開拓使に対し談判（交渉）開始を命じた。


一方、この件については、箱館戦争後、箱館府が施政を再開した頃に、「箱館奉行」などと自称していた判事心得・南貞助が、ガルトネル兄弟の執拗《しつよう》な申し出と、清水谷府知事の統率力欠如のため、旧幕府軍が絡んだ条約を安易に追認（継続）し再締結するという失態から起っている、と見られたようだ。

太政官は、当時の最高責任者・清水谷公考に対し、「始末書」の提出を命じた。

そこで、苦境にたたされた公考は、苦悩の末、上申書を書いて提出した。このとき、公考は土地貸渡し責任を回避し、旧幕府の箱館奉行時代の経緯にまで言及。戦乱終息後はいったん土地を取り戻したうえ、さらに開発着手の状況を見て改めてそれを貸与した旨を述べた。

また、約定（第四条）で、「土地を政府が入用の場合は取り戻す」べき旨がうたわれていることを強調した。

さらに、この一件の当面の交渉等の責任者は南貞助だから、詳しいことは南に下問されたい、と結ばれていた。しかし、南貞助の釈明の調書は、残されていないようだ。

ただ、「国立国会図書館デジタルコレクション」の資料によると、南貞介の略歴書には、二一歳のときの欄に、

「一　北海道拓…ノ為メニ榎本氏（注・榎本武揚のこと）ノ箱館近所ヲ貸シ置タル地所ヲ改メ貸シタルヲ事故トシテ免職セラル」

とあり、「免職」というかなり重い処分を受けた形跡がある。

交渉妥結―ガルトネルから七重の土地を回復

その後、開拓使・外務省とガルトネル兄弟・ブラント（プロシア）公使間の厳しい交渉が続いた。

明治三年一一月九日に至り、ようやく「六万二、五〇〇ドルならば解約に応じる」とい

う主旨の、R・ガルトネルから開拓使の岩村通俊、杉浦誠両判官に宛てた英文の書簡が届き、交渉は終わった。

一年以上も難航した七重村開墾地解約交渉は、ついに決着を見、これによって賠償金洋銀六万二、五〇〇ドルが支払われたのだった。


北大附属北方資料室には、「函館ニテアルガルトネルヨリ岩村判官外壱名へノ書翰《しょかん》」と題する、次のような書翰が残されている。

「一月二日付けの貴下の書翰を落手し、お答えできるのは光栄です。わたくしの七重村開墾地が問題となって以来、厚志をもってわたくしが納得いくように取り計らわれたことを、厚く感謝いたします。わたくしは開墾に取掛かったばかりの農場を後にして、残念ながら立ち去ることになりました。最初、この事業に取り掛ったころは、本当に苦労しました。この事業については、最初は少しでも利益を得ることを考えていました。しかし、残念ながらこのような事情で、わたくしは志半ばで去ることになりました。貴下らがこれからも開墾を継続され、近年のうちに大いに成功されんことを祈ります。今後はヨーロッパからでも、開墾事業へ協力いたしますので、どうぞわたくしにできることをお知らせください。

R・ガルトネル

岩村判官エスクワイル（殿）
杉浦権判官エスクワイル　」

明治三年一二月一三日、地所は開拓使が受け取り、翌明治四年二月九日、R・ガルトネルは函館を引き払い、横浜へ向けて出帆した。

こうしてR・ガルトネルの事業は、明治三年（一八七〇）一一月、開拓使に引き取られた。

これらの関係地所は、開拓使の函館出張所に所属する七重開墾場となり、農作物の試作、家畜の試育などをすることになるが、実際に活用されるのは、明治六年（一八七三）まで待たなければならなかった。

また、現地にR・ガルトネルが故国を懐かしんで植えたというブナの林は現存し、「ガルトネル・ブナ林」として残されている。

第一二章　清水谷公考の最期

岩倉使節団に参加、ロシア留学

その後、清水谷公考は大阪、東京などで修学した。とくに国際法の知識不足を悟り、大阪開成所（大阪洋学校ともいう）に入学して学んだという。

また、明治四年（一八七一）には、岩倉具視をはじめとする遣外使節団の一行に留学生として加わり、同年一〇月から三年間、ロシアに留学した。

このことから、帰国後、人生をやりなおしたい、という公考の意気込みを、痛いほど感じ取ることができるように思う。

帰国後、無念の死

清水谷公考は、明治八年（一八七五）二月には帰国（病のためともいわれる）し、新たな道を歩み出した。

しかしその矢先の明治一五年（一八八二）一二月三一日、病いのため、この世を去った。

同日、従三位に叙されている。享年三八。

当時、松前家から迎えられていた妻・邦子は、まだ一八〜一九歳だった。

公考の墓は京都市上京区寺町通広小路上ル北之辺町の廬山寺《ろざんじ》にある。また、函館護国神社（函館市青柳町九―二三）には、公考が揮毫したという招魂場碑がある。

注・函館戦争直後の明治二年五月二一日、新政府は大森浜で戦死者の招魂祭を行い、函館山麓に招魂場を造らせた。のち招魂場は「函館招魂社」と呼ばれ、昭和一四年（一九三九）に「館護国神社」と改名された。

清水谷家の家督は、息子（弟で養子）の清水谷実英《さねあきら》（一八六七〜一九三八）が継いだ。実英はのちに東宮武官、近衛兵第二連隊中隊長などを歴任し、日清戦争、日露戦争にも出征した。

その後、軍人としては歩兵中佐までつとめ、以降は掌典次長、宮中顧問官、侍従などを歴任した。

この間の明治一七年（一八八四）には、伯爵位を授けられている。

〔後日談〕岡本監輔・山東一郎・堀基・南貞助・平山金十郎・弘前藩の「その後」

岡本監輔

岡本監輔は、箱館府出仕のあと、明治二年七月に開拓使が創設されると開拓判官に就き、引き続き樺太問題に関わった。

しかし、明治四年三月、黒田清隆次官（樺太専務）の樺太放棄・北海道開拓優先論（のちの樺太・千島交換条約締結に繋がっていく論）に追従できず、辞表を出し、許可も届かないうちに離島してしまった。

このとき、参議の副島種臣《そえじまたねおみ》（佐賀藩出身）は監輔や丸山作楽らの対ロシア強硬論に理解を示したが、国内基盤の弱かった時期ということもあり、新政府の大勢は黒田の進言を妥当とした。

なお、翌年、外務卿となった副島は、ロシアが米国にアラスカを売却した前例をもとに、樺太購入を持ち掛けたが、ロシア側は拒否している。

その後、監輔は漢学に傾倒《けいとう》するとともに、陸軍省の委嘱を受け清国を視察したり、「東洋新報」紙を発行したりしたが、儒学者・漢学者としての監輔の声望はしだいに高くなり、明治一四年（一八八一）には東京大学予備門御用係、教諭に任じられて和漢学を教えた。

しかし、北地の夢を捨てきれない監輔は、明治二四年（一八九一）、五三歳のとき、千島列島の択捉島《えとろふとう》、色丹島《しこたんとう》などを視察。翌二五年、関熊太郎ら同志とともに千島開拓を叫んで「千島義会」を起こした。監輔の目には、千島がかつての「樺太の二の舞」になろうとしていると映ったのだ。

これを契機にして、監輔は同志とともに千島開拓計画の作成、開拓の資金づくりなどに奔走、国会請願まで行なっているが、思うようには進まず、志は郡司成忠《ぐんじしげただ》大尉に引き継がれることになる。

その後は、いったん千葉県で農業、著述などを行ないながら過ごすが、明治二七年（一八九四）徳島中学校から校長として迎えられ、ふるさと阿波の教育界にも尽した。このあと台湾総督府国語学校教授、東京の神田中学校長などもつとめている。

明治三七年（一九〇四）一一月九日、監輔は東京・小石川諏訪町の自宅で逝去し、港区西麻布の長谷寺に葬られた。享年六六。

郷里の徳島県美馬市役所の前には、監輔の銅像が建てられている。

山東一郎

山東一郎は、明治二年、新政府の重鎮・木戸孝允に説得されて箱館府を辞職した。

その後は、木戸の紹介で品川県に出仕した。

しかし、すぐに病気と称して辞め、三〇歳の頃、新興豪商の柳田藤吉（この人物の詳細については、拙著『えぞ侠商伝』（北海道出版企画センター）参照）が福沢諭吉の助言を得て創立した「北門社新塾」の経営を任されて、有為の人材を育てる。

その後は出版界で活躍し、明治五年（一八七二）には名を「一郎」から「直砥《なおと》」に改名。

まもなく同じ紀州出身の陸奥宗光に呼ばれて、彼のもとで神奈川県庁に出仕した。

横浜港を抱える神奈川県は、幕末維新期に多くの課題を抱えていたが、一郎はそうした困難な仕事に携わり、参事（副知事相当）に就任して活躍した。

しかし、明治八年（一八七五）に辞職して、製氷事業や貿易協会などに関わった。

この間も福沢諭吉とは公私にわたり親しく交流。また故郷・紀州人脈の人びととの交流は絶やさず、生涯彼らに寄り添いながら、教育、漢詩、美術などの世界で活躍した。

一郎には政治家志向はなかったようだが、陸奥宗光をはじめ、政界や自由民権運動で活躍する同志に対しては、人一倍支援を行なっている。

その根っ子は、彼の「親切・世話好き」、「人間好き・人の良さ」といった性格にあったようだ。

明治二四年（一八九一）頃、一郎は癲癇《てんかん》の発作に襲われ、意識を失ったまま火中に倒れ込んで大火傷《だいやけど》を負う。

一命は取り止めたが、顔はもとより全身に及ぶ重傷だった。快復後も彼の顔半分には、無惨な傷跡が残った。

そのせいか、その後はキリスト教に傾倒、牛込教会で受洗している。

晩年は、信仰もあいまって穏やかな日々を過ごしたが、明治三七年（一九〇四）二月一四日、家族に看取られながら、東京・麻布の居宅で逝去。享年六五。

墓は東京・港区の青山霊園にある。

没後の昭和四七年（一九七二）一一月、和歌山県先覚文化功労者として顕彰されている。

また、山東家には、山東揮毫《きごう》の漢訳『マタイ伝』六曲二双の屏風《びょうぶ》が遺されているという。

堀　基

堀　基は明治二年七月に設置された開拓使にも出仕し、開拓大主典、開拓権判官、札幌本庁主任、開拓大書記官などを歴任した。

また明治七年（一八七四）に創設された屯田兵では、准陸軍大佐兼開拓中判官、屯田事務局長などをつとめた。同一〇年（一八七七）二月に起きた西南戦争では、六四五人の屯田兵を率いて九州に出征している。

明治一一年一二月には海運業界に入るが、明治一九年（一八八六）に北海道庁が発足すると官界に復帰し、初代長官・岩村通俊のもとで勧業課長、第二部長をつとめた。

その後、再び官界を去って、北海道炭坑鉄道会社を設立し初代社長に就任した。

この頃の権勢は、現職の北海道庁長官・永山武四郎をも上回り、〝北海道の副王〟とさえ呼ばれた。

明治二七年（一八九四）貴族院議員となり、同四五年（一九一二）四月、鎌倉で逝去した。

享年六七。

南　貞助

南貞助という人物については、ほとんど知られていなかったので、やや詳しく紹介しておきたい。

貞助は箱館府を離れたあと、東伏見宮（小松宮）の下で兵部省御用掛をつとめた。明治四年（一八七一）には、東伏見宮に随従して再び英国へ渡ることになり、同六年頃まで留学していた。

このときは長州藩の先輩・木戸孝允の希望もあり、軍事の学問ではなく法律を学ぶこととし、ロンドンのリンコンスイン法律学校に入学している。銀行及び商法の実際を学ぶ学校にも通学したようだ。

この頃に、たまたま渡英してきた岩倉調査団の世話もしたらしい。また、英国で日本人初といわれる商社経営も行なったという。

貞助は〝人種改良論者〟で、日英の混血児をもうけたい願望があったので、一四歳の頃、英国サレ県のチャールズ・ピットメンの四女ライザと結婚した。これが、わが国の〝国際結婚第一号〟だといわれている。

帰国後、貞助はライザを教師として家塾・南英学舎を開業したようだ。また商法講習所（森有礼が私塾として創設。一橋大学の前身）の運営にもかかわったようである。

明治一六年（一八八三）頃には、東京府の小笠原出張所長などをしていた。このとき、在島の外国人をすべて日本国籍にしている。

また同一八年頃には香港駐在の領事をしていたが、同じ長州出身の井上馨《かおる》が農商務大臣になると、そのもとで同省の商務局次長をしている。

明治三六年（一九〇三）頃には、『漫遊新誌』という旅行誌を南商会から創刊した。

貞助とライザの結婚生活は長くは続かなかった。日本に帰国してから一〇年後の明治一六年には離婚、ライザは英国へ戻ったようだ。

二人の間に子供はないが、貞助は再婚後に二男三女をもうけている。

大正四年（一九一五）、貞助は六八歳で没した。

なお、筆者が平成三〇年一〇月末頃、函館旅行の折に市立函館博物館へ立ち寄り、展示物を見学したところ、偶然、南貞助の書いた書翰《しょかん》を見かけた。

それは、明治二年六月二一日付で英国領事ユースデン宛てたもので、①降伏した旧幕府軍兵士を許可なく見物することは禁止である。②許可なく見物した場合には取り押さえる、旨の内容であった。

いかにも箱館戦争直後の騒ぎが、これを見た者に伝わってくるような史料だと感じた。

平山金十郎

箱館戦争で榎本武揚らの蝦夷島政権に加担し、その後逃亡した平山金十郎は、明治三年（一八七〇）、仙台から駿河国江尻郡八幡村（静岡市清水区）に来て、ここに住んでいた平山謙二郎を訪ねている。

同姓の謙二郎は旧幕臣で、ペリーが江戸湾へ来航した時も、箱館港に来た時も、彼が応対し、ペリーがもっとも信頼した日本人として知られていた。

平山謙二郎と、前述した平山行蔵の間柄は、いろいろ伝わっている。謙二郎は行蔵の門弟だったとも、従兄弟だったともいわれる。

ちなみに、岡田健蔵『函館百珍ト函館史実』には、謙二郎は「幕臣平山行蔵子龍の養子である」と断じている。

平成四年（一九九二）頃、平山謙二郎のことを調べた作家がいたが、東京在住の末孫の平山清氏からは、「東京大空襲や戦後のどさくさなどで、謙二郎の文書はすべて散逸した」という答えを得たという。

明治七年（一八七四）八月、平山金十郎は再び七重村（中須田八九番地）に姿を見せ、武道場を開いて武道を教えた。その後、峠下古峠に帰り、寺子屋塾を再開した。養父鋭次郎が開いた峠下村塾の再開だと思われる。

なお、金十郎は、戻ってからは「岩次郎」と改名したようだ。

明治一〇年（一八七七）、それまで行方不明だった馬場政照とともに戻り、夫婦で開拓使の七重勧業試験場の雇いとなった。この頃、牧畜の仕事をしたことが記録に残っており、当時の資料には「石川岩次郎」とある（のちに「石川」を「平山」に改めた）。

戸籍から、厚田村に逃れた小説家・子母澤寛の母の実家とわかるそうだ。三岸家の妹が嫁いでいる。七重薬草園付近に住所がある。

七飯町に「ガルトネルぶな林」があり、向かい側に清水家が果樹園を経営している。

平山金十郎は晩年、国兵としてまた函館市若松町七番地に住み、明治三四年（一九〇一）九月一日、旧峠下村の高田勘九郎宅に仮寓中、瞑目《めいもく》したといわれる。享年六三。平山金十郎の墓は、七飯町の峠下に現存している。

注・古老の話に、函館の豊川病院から退院して、旧峠下村の高田勘九郎宅で没した。関係があった子弟たちの手で建てられたという。

平山金十郎の研究は現在も続いており、『蝦夷地の千人隊―八王子千人同心隊に関する調査』は長川清悦《ながかわせいえつ》氏の労作である。

明治一〇年（一八七七）九月一三日、七重学校沿革誌、七飯町立七重小学校所蔵の記録に、当時の同校設立に際しての献納及び人名の記録が保存されている。

この中に、金一円寄贈として、馬場政照、石川（のち平山）岩次郎の名が見える。同年五月八日、武蔵国葛飾郡小梅村平民石川半七次男と記されている。また、戸主平山岩次郎、天保一〇年一月二七日生まれと記されている。

明治四年（一八七一）に五稜郭の奉行所建築物を解体し、開拓使函館支長庁出張所が開設されて、札幌本道工事及び地域の行政の中心となる。峠下役所は洋式の建物で、後に函館・森間の乗り合い馬車のステーションとなり、「峠下ホテル」とも呼ばれた。

この長屋を借用して、明治一三年（一八八〇）、八王子千人同心の馬場八百蔵ほかの有志により峠下小学校が誕生した。

建物を管理した工藤栄によれば、ホテルの後は函館伝習所付属舎となり、師範学校の所轄で生徒に剣道を教えた。平山行蔵の道具があって、子龍の銘が記された銅衣があったという。

七重にも道場があって会津藩士渡部久馬が当たっていた。武術指導の先生が平山金十郎だったといわれる。

明治一〇年九月一五日に、七重学校が創設された。これは、当時の七重勧業試験場長・湯地定基（のちの根室県令）と広田千秋によって進められた。また、ときの戸長・保坂順竜も連携して協力、開校に至った。

その後、たまたま七重小学校初等科第六級一〇人の中に、平山岩次郎夫妻の長男・「平山新」の氏名が見つかった。

大正時代、函館市で雑穀海産物商を営む青木商店の大福帳に記されている平山新の氏名は、函館市旭町となっており、借用記録は米代であった。

札幌出身のプロレタリア文学作家・久保栄が昭和八年（一九三三）に書いた戯曲の『五稜郭血書』の中で、作中の主人公として平山金十郎が登場する。名のある俳優が、金十郎役を演じた。

昭和　八年、築地小劇場公演　　金十郎役は薄田研二
　　　九年、前進座公演　　　　金十郎役は河原崎長十郎
　　二七年、劇団民芸公演　　　金十郎役は宇野重吉

弘前藩

箱館戦争が終結すると、弘前藩は新政府からその功労を称えられ、藩主・津軽承昭は賞典禄二万石を賜った。

承昭はその一部を戦没者の慰霊と論功行賞に当て、二、六四一件・二、五三〇人に対し、コメ二、〇一〇石余、金一、七九六両余を支出した。

顧みると、新政府軍傘下の諸藩兵が終結した弘前藩は、〝新政府軍の兵站基地〟として、実に大きな犠牲を払った。

蝦夷地に新政府軍の兵士として派遣された弘前藩兵はもちろんだが、領内の農民も三、七〇〇人が動員され、うち二、五〇〇人が言葉も通じにくい他藩に徴用されたという。

また、同藩は約五〇万両といわれる巨費その他の犠牲をも払って、新政府に忠誠心を示した。このため、戦争終了後、同藩の財政はほとんど破綻《はたん》しており、新政府に窮状を訴え、藩札を整理したりしてその場を凌《しの》いだ。

加えて明治二年は、夏場の冷涼が災いして大凶作に陥り、収穫は平年作のわずか二割六分にまで落ち込み、米価は急騰し、多くの飢餓民が町に押し寄せる有様だった。

ただ、こうした弘前藩の新政府に対する姿勢の背景には、弘前藩の「佐幕からの方針転換」があまりに遅過ぎたことが、新政府に対する「引け目」として存在していた。

このためか、維新後も新政府内での枢要な人事ポストを得ることは、ほとんどなかった。弘前出身の陸羯南《くがかつなん》も、「維新以後、薩長二藩の皇室となる」と批判し、藩閥人事をことのほか激しく非難したという。

その後の明治四年七月の廃藩置県で、弘前藩は廃止され、五県(弘前・七戸・八戸・斗南・黒石)が誕生した。また、九月に入ると五県は「弘前県」として統合され、さらに「青森県」となって県庁が青森へ移っている。

その後、新政府が打ち出した北海道開拓の構想を前に、青森県には新しい役割が期待されるようになっていった。

明治六年(一八七三)一月には、開拓使附属船・弘明丸が、箱館(函館)・青森・安渡(むつ市大湊)間に就航し、青函定期航路が開設された。同年二月には、山口県下関の商人・小出藤吉の「青開丸」も就航し、定期航路事業は官民取り混ぜの状況になった。

しかし、その後事業は国有化され、明治四一年(一九〇八)には、日本初の蒸気タービン船「比羅夫丸」、「田村丸」の就航を見た。「青函連絡船」誕生の瞬間だった。

清水谷公考の再評価

以上、見て来たところから、清水谷公考に関する歴史上の人物評価をまとめてみる。

顧みると、青年公家・清水谷公考は、幕末維新の激動期にあって、いち早く北方問題の重要性を新政府の首脳陣に対して認識させた。

しかも、自ら日本海を渡って蝦夷地に乗り込み、支援体制が弱体な中、必死に行政の采配を振るった。

さらには箱館戦争の折、一度は青森に退避したが、新政府軍のトップ（青森口総督）となって反攻し、蝦夷島政権を倒した実績は、もっと高く評価されるべきだろうと思う。

公考の蝦夷地入りのときの意気込みは、まさに維新の武士たちと変わりがない。

仮定の話にはなるが、公考が最初から開拓使のような強力な行政機構のトップとして派遣されていれば、また箱館戦争が起きていなければ、公考の評価はずっと変わったものになっていたであろう。

人生最期の病の床で、公考の脳裏《のうり》をかすめたのは、志なかばで表舞台を去らなければならなかった自らの運命に対する「無念の思い」だったに違いない。

ここで、北海道史に詳しい故高倉新一郎氏の次の簡潔な言葉をお借りして、この項を終えることとしたい。

「清水谷公考の歩んだ道こそ、真に茨の道だった」

おわりに

本稿の執筆に当たっては、多くの文献・図書類を参考にさせていただいたが、その中でも特に、

①「ガルトネル事件」については、田辺安一著『ブナの林が語り伝えること―プロシア人R・ガルトネル七重村開墾顛末記―』（北海道出版企画センター）、

②「山東一郎」に関しては、最近刊行された中井けやき著『明治の一郎　山東直砥（百年書房）、

③「五稜郭襲撃事件」なり「平山金十郎」については、好川之範・近江幸雄編『箱館戦争銘々伝』の上下巻及び好川之範著『箱館戦争全史』（いずれも新人物往来社）、

を参考にさせていただいた。本紙面を借りて、心より御礼を申し上げる次第である。

また、著者は歴史の講座を主宰する一方で、歴史を切り口にしたノンフィクションの本を書き、語ることに生きがいを感じ、とりわけ広範囲の公共図書館に著書を寄贈して、多数の方に読んでいただくことを重視してやってきた。

その過程で、これまでは一度も書かなかったが、何かとしわ寄せを受けながら、長年著者のわがままを見守り、協力していただいた北海道出版企画センターの野澤緯三男氏及びわが家の家人に対し、感謝していることを付記して、本稿を終えることとしたい。

（完）

〔参考〕清水谷公考年表

文政　九（一八二六）　杉浦誠、幕臣久須三郎の子として誕生（のち幕臣杉浦家に養子入り）
天保　二（一八三一）　井上石見（長秋）、鹿児島の諏訪神社神職の子として誕生
　　　九（一八三八）　堀真五郎（新五郎）、萩の堀文左衛門松園の子として誕生
　　一〇（一八三九）　一二月二三日（自伝では一〇月一七日）岡本監輔が阿波（徳島県）の美馬郡三谷村（美馬市）で誕生
　　一一（一八四〇）　山東一郎（直砥）、紀州（和歌山県）の和歌浦（現和歌山市）で誕生
　　一三（一八四二）　小野淳輔《じゅんすけ》（のち坂本直《さかもとなお》と改名）土佐藩郷士・高松順蔵と千鶴（坂本龍馬の姉）の間に長男として誕生
　　一五（一八四四）　堀　基、鹿児島郡元村（鹿児島市）で誕生
弘化　二（一八四五）　九月六日、清水谷公考、公家・清水谷公正の六男として京都で誕生
安政　五（一八五八）　従五位上に叙せられ、元服して昇殿を許される
文久　二（一八六二）　清水谷公考、侍従となる
慶応　元（一八六五）　岡本監輔、樺太北端のガオト岬に達する
　　　二（一八六六）　清水谷公考、正四位下に叙せられる。幕臣杉浦誠、箱館奉行に就任し箱

館へ赴任

三（一八六七）

一月明治天皇践祚、五月山東一郎・堀基が長崎で坂本龍馬と会い北地問題を話し合う

一〇月大政奉還、この頃、岡本監輔・山東一郎が京都で龍馬に会い北地問題を話し合う（一一月坂本龍馬暗殺事件起きる）

一二月王政復古の大号令

この年、清水谷公考が比叡山に資金集めに赴く。箱館奉行杉浦誠がこの頃、R・ガルトネルの農場構想を認めたもよう

慶応四（明治元＝一八六八）

一月　三日　鳥羽伏見の戦い始まる。徳川慶喜追討令

二月　九日　総裁有栖川宮親王、東征大総督に任命される

二月一一日　蝦夷地に駐留する荘内藩兵に対し、本藩から総員引き揚げの命令が届く

二月二七日　清水谷公考・高野保建、蝦夷地に関する建議書を提出

三月　九日　天皇、三職を召し蝦夷地開拓の可否を下問

一〇日　天皇、再度三職を召し蝦夷地鎮撫使差遣遅速に関する建言を促す

一九日　清水谷・高野、蝦夷地問題に関する再申書を提出

二五日　副総裁岩倉具視、三職・徴士に対し蝦夷地開拓の事宜三条を策問
この月、岩倉具視の信任篤い新政府制度局権判事・井上石見が蝦夷地開拓の意見書を提出

四月一一日　討幕軍、江戸城に入る（「江戸城開城」）。徳川慶喜、水戸へ退去

一二日　仁和寺宮嘉彰親王（議定兼軍防事務局督）を箱館裁判所総督、清水谷公考（侍従）・土井利恒（越前大野藩主）を副総督とし、蝦夷地開拓の兼知を命ずる。親王、これを辞退。井上石見（権弁事）・岡本監輔（文平）を徴士兼内国事務権判事とし、箱館裁判所に在勤を命ずる

一四日　清水谷公考が松前・弘前・盛岡・秋田各藩の京都留守居役に対し、蝦夷地警備等の協力を要請

一五日　新政府、秋田・南部・津軽・松前・仙台の諸藩に箱館警備を命ずる

一七日　新政府、蝦夷地開拓条項（七ヵ条）を指令。箱館奉行所に対し蝦夷地の金穀・物産の引き継ぎを命じる達書

二九日？　この頃、箱館裁判所内の職務分担・分課などを定める

閏四月　五日　箱館裁判所副総督清水谷公考を、同総督に任命。新たに判事・権判事も任命

一〇日頃ロシア領事ビューツォフが箱館奉行杉浦誠に対し、ロシアによる援兵を派遣し支援することを内談で持ちかける（杉浦は拒否）

一四日　清水谷公考総督ら一行、京都を発し蝦夷地へ向かう

二一日　新政府中央、政体書を発する（各地の裁判所を「府」または「県」に改編する旨）

二四日　清水谷公考一行、江差港到着。（中央ではこの日、箱館裁判所を「箱館府」と改称、清水谷を「知事」に任命、副総督土井利恒を免ずる）

二六日　清水谷公考ら箱館着

二七日　清水谷公考、旧幕府箱館奉行杉浦誠から、事務を引き継ぐ
　　　　この月、箱館裁判所、庶民に対し、御一新の布告を発する

五月　一日　箱館裁判所、五稜郭に開庁

三日　奥羽二五藩、仙台に会合、同盟条約を結ぶ。次いで北越六藩も加盟して「奥羽列藩同盟」が成立（のちに「奥羽越列藩同盟」に発展）

一三日　この頃、井上石見がR・ガルトネルと会見

一五日　上野彰義隊が壊滅する

二四日　徳川家が静岡で七〇万石を領し家督を徳川家達が継いで家名存続

二六日　秋田で孤立していた奥羽鎮撫副総督・沢為量《さわためかず》の使者が箱館へ入港、窮状を訴え

て箱館府に対し軍資金と弾薬等の支援を求める

六月　三日　杉浦前箱館奉行ら一行、箱館を船で離れ横浜へ向かう

箱館裁判所（注・本来は箱館府）民政方、人心不穏の状に対し安堵の布告を出す

権判事岡本監輔、農工民二〇〇人余を率いて久春古丹に赴任、公議所を置く

二五日　箱館府がプロシア船ロア号を買い入れる交渉がまとまる

七月　四日　秋田藩が奥羽越列藩同盟を離脱

五日　平山金十郎・花輪五郎ら、旧家の再興のため箱館裁判所の襲撃を謀るが、未遂に終わる（「五稜郭襲撃事件」）

八日　弘前藩、奥羽越列藩同盟を脱退

一二日　白石藩、白老本陣から引き揚げる

一七日　箱館府、「裁判所」を「府」と改称した旨を管内に告示（八月一〇日頃にも再度布達）

八月　一日　松前藩正議隊の鈴木織太郎・下国東七郎ら、決起して松前勘解由らを襲い、藩政の改革に乗り出す（「松前藩のクーデター」）。盛岡藩が蝦夷地警備兵を引き揚げ

九日　盛岡藩が秋田藩領へ攻め込む

一一日　南部藩兵、箱館の陣営を焼いて退去

一四日　弘前藩、蝦夷地の兵を全員引き揚げる

一五日　田安亀之助、駿府へ移る
一九日　旧幕府海軍副総裁榎本武揚、軍艦八隻を率いて品川沖を出帆、陸奥へ向かう
二三日　新政府軍、会津若松城下へ攻め込む
二七日　開陽丸ほか仙台松島着
九月　三日　仙台青葉城内で開かれた奥羽越列藩同盟の軍議に出席した旧幕府海軍副奉行・榎本武揚、諸藩の奮起を促す
五日　米沢藩世子が降伏、謝罪のため米沢を出発
八日　「明治元年」と改元
一二日　仙台藩が降伏を決める
？日　箱館府判事井上石見、択捉島・根室視察の帰途、釧路を九月一四日に船で出た後、遭難し行方不明となる
一五日　大鳥圭介ら仙台到着。仙台額兵隊が藩の降伏決定を無視して出撃。榎本武揚が仙台藩から大江丸と鳳凰丸を接収。松前藩、館城建設に着手
一六日　仙台藩降伏
一八日　咸臨丸が清水港で拿捕される。品川沖を出た榎本艦隊八隻中、六隻が集結
二〇日　奥羽越列藩同盟の盟主・輪王寺宮公現法親王が、謝罪の使者を発する。同盟は

崩壊

二二日　会津藩降伏。弘前藩と盛岡藩の間で野辺地戦争が起きる

二三日　弘前藩・黒石藩が野辺地に進攻、盛岡藩ほかと戦う（「野辺地戦争」）

二六日　庄内藩降伏

一〇月　九日　盛岡藩降伏

一一日　福山藩兵六〇〇人、大野藩兵一七一人が秋田着

一二日　旧幕府軍艦隊、石巻折浜を出航し北上

一九日　弘前藩四小隊、箱館に到着。野田大蔵（豁通《ひろみち》）（熊本藩士）が率いる備後福山藩の約七〇〇人と越前大野藩約一七〇人も箱館港に到着

二〇日　榎本武揚率いる艦隊、鷲ノ木に上陸。兵を分け、大野藩兵を主力とする新政府軍を破り、五稜郭・箱館に向かう（〜二二日）

清水谷公考、箱館の外国関係者に対し、旧幕府脱走軍艦隊が入港して来た場合の処置（「見掛次第直様打払候筈に候」）について伝達

二一日　議定岩倉具視、蝦夷地開拓を含む一八ヵ条の建議書を提出（蝦夷地に関する一ヵ条を含む）

二四日　大野、有川（北斗市）、七重（七飯町）などで激戦。夜、清水谷公考府知事、五

二五日　稜郭を出て箱館へ移る
清水谷公考府知事以下、軍艦陽春で青森に撤退。この際、残地諜者（「遊軍隊」）を箱館に残した。旧幕府軍、五稜郭・箱館に入る（一〇月二五〜二七日）
二六日　旧幕府軍、五稜郭を無血占領
二八日　旧幕府軍、松前城を攻撃。松前徳広、館村の新城に移る
一一月　一日　清水谷公考、浪岡村（現青森市）玄徳寺へ移る。松前藩軍が知内で旧幕府軍を攻撃、戦争始まる
五日　旧幕府軍、松前城を攻略
六日　山田顕義と長州藩、徳山藩兵が青森着
九日　山田顕義、青森口陸軍参謀に
一二日　松前藩兵、館城から江差へ
一五日　旧幕府軍の軍艦開陽、暴風のため江差港で座礁、数日後沈没。旧幕府軍が江差を占領。旧幕府軍、館城を陥落させる
一六日　清水谷公考、黒石（黒石市）へ転陣
一九日　松前徳広、熊石を発し津軽へ逃れる（二一日　平館に到着）。新政府軍、箱館の旧幕府軍追討令

この頃、R・ガルトネルが蝦夷島政権箱館奉行の永井玄蕃に対し、七重付近の開墾を認めるよう求める書簡を出す

二〇日　松前藩兵五〇〇人、熊石で投降

二二日　開陽丸救援に向かった神速丸も江差で座礁沈没

二七日　新政府、箱館府知事清水谷公考に青森口総督の兼務を命ずる（注・一二月一〇日ともいわれる）。黒田了介（清隆）・太田黒惟信（熊本）を総督府参謀に、山田顕義を陸軍参謀兼海軍参謀に（注・二六日説あり）。津藩兵、久留米藩兵が青森到着

二九日　松前徳広、弘前の薬王院で病死

一二月一〇日　清水谷公考、新政府軍「青森口総督」に就任（箱館府知事在任のまま）

一四日　清水谷公考、黒石から青森に移る

一八日　九条道隆奥羽鎮撫総督ら東京へ帰る

一五日　旧幕府軍、祝砲を発して全島平定を祝う。士官以上の公選により榎本武揚総裁・松平太郎副総裁らを選任

明治　二（一八六九）

一月　三日　弘前藩の要請に応じ熊本藩が派遣した米国蒸気船ハーマン号が房総・勝浦沖で

　　九日　遭難、熊本藩士二〇五人、米国人乗組員二二人が犠牲に
二月一二日　松前徳広の嫡子・兼広（のち修広）襲封
　　一九日　外国官、蝦夷地開拓のため、官制上の改革を上申
　　　　　　榎本蝦夷島総裁の命を受け、箱館奉行永井玄蕃とプロシア商人R・ガルトネル
　　　　　　の間で、蝦夷地七重村開墾条約を締結（三〇〇万坪・九九カ年）
　　二三日　弘前藩、箱館戦争に兵を送る
　　二五日　清水谷公考、総督として六三四六人（弘前藩記録）を閲兵（総督府発表では二六九
　　　　　　〇人）、旧幕府軍沢太郎左衛門が室蘭進駐
二月二八日　岩倉具視、外交・会計・蝦夷地開拓の件につき建議書を提出
三月　九日　新政府海軍八隻が品川を出航
　　二五日　宮古湾海戦。旧幕府軍が回天一艘で新政府軍の軍艦甲鉄を襲う
四月　六日　新政府軍、青森を出航
　　　九日　新政府軍、乙部に上陸。進んで江差に入る
　　一二日　新政府軍の第二軍、江差到着
　　一三日　二股口で一六時間の激戦
　　一五日　新政府軍の第三軍が青森出航（一六日江差着）

一七日　新政府軍、福山城を奪還
二一日　旧幕府軍、矢不来（上磯）に総退却
二二日　新政府軍、木古内進出
二三日　午後から翌朝まで二股口で激闘、土方らが新政府軍を撃退
二四日　箱館港に甲鉄、春日など突入、海戦始まる
二七日　清水谷公考ら新政府軍、江差へ上陸
二九日　二股口の土方ら旧幕府軍、五稜郭へ撤退、新政府軍が矢不来攻撃突破。旧幕府軍、七重浜まで撤退。旧幕府軍の千代田形が弁天台場沖で座礁。艦長が艦を放棄
五月　一日　新政府軍、千代田形を拿捕、七重浜に進出
二日　新政府軍、二股口から箱館平野に進出
三日　箱館在住の連蔵らが、弁天台場に入り大砲七門のうち六門に釘を打ち込む
四日　七重浜、大川村で激戦
六日　ブリュネらフランス士官六人、箱館港内のフランス艦に避難、脱出
七日　海戦で回天に砲弾集中、回天浅瀬に乗り上げ運航不能に
一〇日　甲鉄で新政府軍が作戦計画を決定

一一日　新政府軍、箱館総攻撃を開始。箱館山の山頂占領。新政府軍艦朝陽轟沈
　土方歳三戦死。四稜郭と権現台場の旧幕府軍撤退。高龍寺（箱館病院分院）に
　弘前、松前兵が入り入院中の兵士らを惨殺
一三日　新政府軍、有川に司令部を置く
一四日　清水谷公考が七重、赤川などの第一線を慰問
一五日　弁天台場が降伏
一五〜一六日　五稜郭から二〇〇人が逃亡
一六日　清水谷公考、千代ヶ岡陣屋の攻撃に当たり将兵を励ます。旧幕府軍中島三郎助
　父子ら戦死
一七日　亀田で新政府軍の黒田了介、増田虎之助と榎本武揚、松平太郎らが会見。降伏
　条件を協議。戦火止む
一八日　五稜郭にある榎本総裁以下が新政府軍に降伏、開城。戊辰戦争終結
一九日　清水谷公考青森口総督ら箱館に入る。祝砲を発して平定を祝う
二一日　新政府、上局会議を開き、皇道興隆・知藩事新置・蝦夷地開拓の三件を勅問
　室蘭の沢太郎左衛門ら降伏。青森口総督府が警備兵のほかは解兵、諸藩兵に本
　国帰還を命じる。清水谷ら大森浜で戦死者の慰霊祭を挙行

二二日　新政府、下局会議を開き、皇道興隆・蝦夷地開拓の二件を勅問

六月　四日　議定中納言鍋島直正に蝦夷開拓督務の兼務を命ずる

六日　島義勇（会計官判事）・桜井慎平（軍務官判事）・松浦武四郎らを、蝦夷開拓御用掛に任命

一〇日　新政府軍各参謀、参朝して慰労を賜る（九月論功行賞）

一二日　箱館府知事清水谷公考の青森口総督兼務を解く。公考、箱館府知事として戦後処理に専念。公考が招魂場（現在の函館護国神社）に石灯籠を奉納

一六日　箱館府、R・ガルトネルと、開拓のため七重村の地の貸付けを約定（榎本政権の措置をほぼ継続する）

一七日　諸藩主の版籍奉還を許し、藩知事に任命。公卿・諸侯の称を廃し両者を合わせ華族とする

二四日　松前兼広、版籍奉還を願い出て許され、館藩知事を仰せつけられる
ロシア軍艦、樺太函泊に来航、墓地・鰊干場を破壊し、基地建設をはかる

二七日　岡本監輔権判官、樺太状況報告のため、東京に向け久春古丹を出発

七月　八日　新政府が官制改革。「開拓使」を設置し使員詰所を民部省中に置く

一三日　開拓督務鍋島直正を初代の開拓使長官に任命。長官は諸省卿と同等とする

一七日　太政官、三府（京都・東京・大阪）以外の諸府を県と改称
二二日　太政官、蝦夷地開拓のため諸藩・士族・庶民の志願により相応の地所割渡すべき旨を布告。島義勇らを開拓使の判官に任命
二四日　「箱館府」を廃止
前箱館府知事清水谷公考を開拓使次官に任命
八月一五日　蝦夷地を「北海道」に改称、一一国八六郡を画定
二五日　東久世通禧を開拓長官に任命
二九日　元箱館奉行杉浦誠を開拓判官に任命
東久世開拓長官、開拓施政事項（一四ヵ条）を新政府に提示し指示を求める
九月　九日　清水谷公考が上京
一〇日　岡本判官ら、農工民を伴い、ヤンシー号で樺太に向け品川を出帆
一三日　開拓使次官清水谷公考を免ずる。永世高二五〇石を下賜
＊その後、公考は大阪、東京等で修学
二七日　東久世長官、旧箱館裁判所（箱館府）へ出向き、官吏たちを一度、免職のうえ、開拓使職名・月俸表をもって開拓使職員として任命
太政官が外務省・開拓使に対して、R・ガルトネルへの土地貸付けの解除に向

けて、談判（交渉）を開始するよう命じる

二八日　東久世長官、函館駐在の各国領事と会う

一二月一八日　清水谷公考、大阪開成所（大阪洋学校ともいう）に入学

明治三（一八七〇）　一一月九日太政官が外務省・開拓使に指示し、R・ガルトネルとの七重村等土地貸渡し条約を解約させる。これに伴い、賠償金六万二、五〇〇ドルを支払う

四（一八七一）　一〇月清水谷公考が岩倉使節団に留学生として参加、三年間、ロシアに留学

五（一八七二）　一月一六日東京で収監されていた榎本ら旧幕府軍幹部が全員出獄

八（一八七五）　二月清水谷公考が帰国、家督を継ぐ。五月旧幕府軍戦死者の慰霊碑建立

明治一五（一八八二）　一二月三一日清水谷公考が病死（享年三七）

明治一七（一八八四）　清水谷公考の息子（弟で養子）の実英が伯爵位を授けられる

明治三七（一九〇四）　二月二四日山東一郎が病没。享年六五

一一月九日岡本監輔が病没。享年六六

〔主な参考文献〕

『山城国京都清水谷家文書目録』（「付図　清水谷家略系図」を含む）

『清水谷公考関係文書』国立国会図書館憲政資料室　二〇一〇

『清水谷文書　清水谷公考履歴資料』国立国会図書館

北海道古文書解読サークル『古文書解読叢書六　解読『清水谷公考文書』』二〇〇五

李元雨『幕末の公家社会』吉川弘文館　二〇〇五

『新北海道史第三巻通説二』北海道　一九七一

『函館市史通説第二巻』函館市　一九九〇

『函館市史』史料編　第二巻（清水谷文書）函館市　一九八〇

＊清水谷公考箱館赴任日記・箱館裁判所総督清水谷公考日記・箱館裁判所掛假日記・箱館裁判所懸日記・箱館府外国局日誌・箱館府外国岡士往復文書・箱館府改革

『函館市史』電子情報版

阿部たつを『函館郷土史随筆』北海道出版企画センター　一九七三

伊藤隆・李武嘉世編『近現代日本人物史料情報辞典4』吉川弘文館（国立国会図書館蔵）二〇一一

北海道立文書館『北海道立文書館所蔵資料目録10　幕府文書　箱館府（県）文書　藩・県文書　開拓使文書（一）』

田辺安一『ブナの林が語り伝えていること―プロシア人R・ガルトネル七重村開墾顛末記―』北海道出版企画センター　二〇一〇
手塚竜麿『南貞助と妻ライザ』インターネット資料
国立国会図書館デジタルコレクション
牧口準市『明治期北海道の司法―箱館戦争・ガルトネル事件等五事件』北海道出版企画センター　二〇一八
北国諒星『幕末維新　えぞ地にかけた男たちの夢』北海道出版企画センター　二〇〇八
林啓介『樺太・千島に夢をかける―岡本韋庵の生涯―』新人物往来社　二〇〇一
好川之範『箱館戦争全史』新人物往来社　二〇〇九
好川之範・近江幸雄編『箱館戦争銘々伝　上・下』新人物往来社　二〇〇七
高倉新一郎『北の先覚』北日本社　一九四七
加藤貞仁『箱館戦争』無明舎出版　二〇〇四
本田伸『シリーズ藩物語　弘前藩』現代書館　二〇〇八
宮崎道生『青森県の歴史』山川出版社　一九九二
長谷川成一ほか『青森県の歴史』山川出版社　二〇〇〇
丸山國雄『日独交通資料第一輯　北海道七重村開墾条約締結始末』財団法人日独文化協会　一九三四
弘前市立弘前図書館『おくゆかしき津軽の古典籍』ＡＤＥＡＣデジタルアーカイブシステム

若林　滋『箱館戦争再考』中西出版　二〇一六
弘前市図書館所蔵：おくゆかしき津軽の古典籍『新編弘前市史　通史編3』
吉田武三『北方の空白』時事新報一九七〇
『なみおか今昔　町史かわら版（6）』箱館戦争青森口総督
田口平爾『最後の箱館奉行の日記』新潮社　一九九五
加藤貞仁『戊辰戦争とうほく紀行』無明舎出版　二〇〇八
江差町郷土資料館友の会ブログ　二〇一〇・六・一
須藤隆仙『函館戦争のすべて』新人物往来社　一九八四
長谷川成一ほか『青森県の歴史』山川出版社　二〇〇〇
『七飯町と聞いて思い起こしたこと―ガルトネル事件とガルトネルのブナ林』山形鶴翔同窓会・六四回（昭和三二年卒）渡部功
河野常吉『北海道史人名字彙　上』　北海道出版企画センター　一九七九
柴田錬三郎『異説幕末伝』講談社　一九九八
『龍馬とともに幕末を生きた三二人のその後』洋泉社　二〇一〇
『イリス（企業）』ウィクペディア　二〇一八
富樫鱗太郎『箱館売ります』（上・下各二巻）中央公論新社　二〇一三

富樫麟太郎『箱館売ります―幕末ガルトネル事件異聞―』実業之日本社　二〇〇四
歴史群像編集部編『全国版・幕末維新人物事典』学研パブリッシング　二〇一〇
『北海道歴史人物事典』北海道新聞社　一九九三
北海道編『新北海道史年表』北海道出版企画センター　一九八九

〈筆者略歴〉

北　国　諒　星（ほっこくりょうせい）

1943年福井県坂井市生まれ　札幌市在住　金沢大学法文学部卒　北海道開発庁（現国土交通省）に入り北海道開発局官房長などを経て現在、歴史作家・開拓史研究家「趣味の歴史（開拓史）講座」主宰　一道塾塾頭　北海道屯田倶楽部理事　北海道りょうま会・松本十郎を顕彰する会各会員　2006年３月「魂を燃焼し尽くした男―松本十郎の生涯」で第26回北海道ノンフィクション大賞受賞　2016年11月瑞宝中綬章受章　主な著書に*『青雲の果て―武人黒田清隆の戦い―』、『えぞ侠商伝―幕末維新と風雲児柳田藤吉―』、『幕末維新　えぞ地にかけた男たちの夢―新生“北海道”誕生のドラマ―』、『幕末維新　えぞ地異聞―豪商・もののふ・異国人たちの雄飛』、『さらば・・えぞ地　松本十郎伝』、『異星、北天に煌く（共著）』、『開拓使にいた！龍馬の同志と元新選隊士たち』、『北垣国道の生涯と龍馬の影―戊辰戦争・北海道開拓・都復興に足跡―』、『歴史探訪　北海道移民史を知る！』、『北前船されど北前船―浪漫・豪商・密貿易』

（いずれも北海道出版企画センター。＊印の２冊は本名を用いて刊行）

（本名　奥田静夫）

青年公家・清水谷公考の志と挫折

―箱館裁判所・箱館府創設と箱館戦争の狭間―

発　行　2019年３月22日

著　者　北　国　諒　星

発行者　野　澤　緯三男

発行者　北海道出版企画センター

〒001-0018　札幌市北区北18条西6丁目2-47

電　話　011-737-1755　ＦＡＸ　011-737-4007

振　替　02790-6-16677

ＵＲＬ　http://www.h-ppc.com/

E-mail　hppc186@rose.ocn.ne.jp

幀　須　田　照　生

刷株式会社

式会社

00E

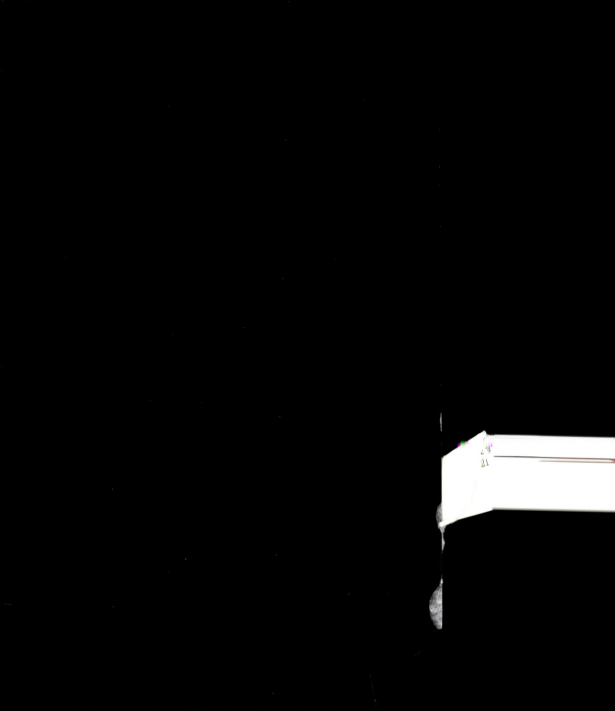

印刷

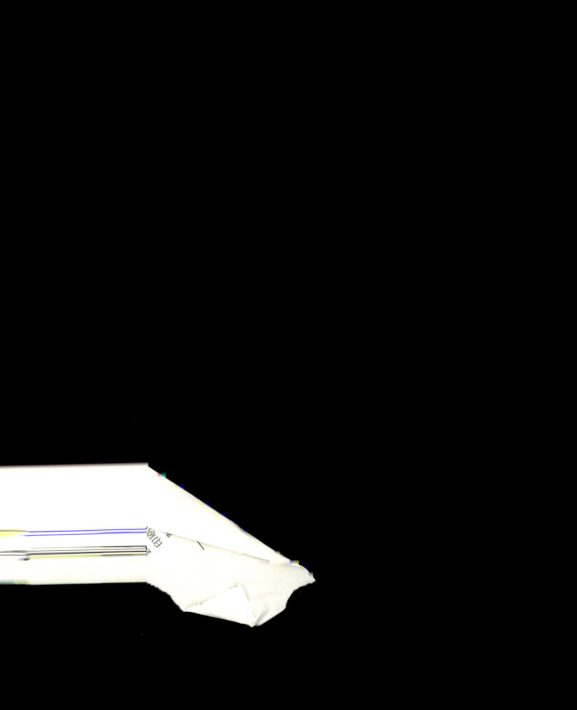